ラルンガルの旧正門前でたたずむチベットの女たち。白い仏塔が十数基並ぶこの一帯で、ラルンガルは2000年頃まで大法会を開いていた（'01年12月。以下すべて筆者撮影）

南の丘から撮影したラルンガルの北側斜面。ラルンガルには冬の青空が似合う（'01年12月）

青海省の班瑪から巡礼にやって来た親子。ラルンガルの法会が開かれるゲゼル寺前にて（'01年12月）

ラルンガルで商売を終えて、愛馬で村へ戻る色達の男たち（'01年12月）

ヤクの乳から作ったバターをラルンガルへ届けた後、放牧地へ戻る尼僧（'01年12月）

洛若村の冬景色。民家、ヤクの群れ、枯れた山肌、凍結した川。ラルンガルの手前1kmの上り坂にて（'01年12月）

ラルンガルの僧坊へ遊びに来た近隣の少年僧と妹（'01年12月）

月に一度ラルンガルで開かれるバザールに集まった尼僧たち（'01年12月）

色達市街の市場で野菜や果物を商う女（'01年12月）

ラルンガルの定期市で衣類を見定める尼僧たち（'01年12月）

色達市街で露店を出す母子。衣類、カーペット、仏具、香辛料、医薬品、狐のマフラー、仏画などが並ぶ（'01年12月）

色達と炉霍を結ぶ路線バス。フロントガラスに貼られたジグメ・プンツォ学院長の写真には、交通安全の願いが込められている（'01年12月）

'01年夏に解体された尼僧坊の残骸。作業員たちは冬に帰郷し、翌春撤去作業を再開した（'01年12月）

荷物を背負い、ラルンガルのバザールへ向かう父と娘。ラルンガルの手前500m付近にて（'01年12月）

乗り合いトラクターで僧坊に戻る尼僧たち（'04年8月）

自らの手で僧坊を建てる僧たち。丸太をログハウス風にくみ上げた後、平屋根にビニールを敷き、土を載せる（'04年8月）

南東の丘から眺めた夏のラルンガル。谷の中央に見えるのは旧僧大経堂（'04年8月）

色達の市場で牛肉を買い求めるラルンガルの僧（'04年8月）

息を切らし頭痛をこらえて登った南側の丘から見た天空のラルンガル（'04年8月）

遺体を運ぶ竹籠と衣服が散乱し、強烈な異臭を放つ旧鳥葬場（'04年8月）

ラルンガルの門前町。中央に旧正門、門の両脇に白い仏塔。平屋の建物は商店や食堂。左下の赤い屋根は外来者をチェックする検問所（'04年8月）

旧尼僧経堂の入口付近。1日2回、尼僧が読経を行う。僧と外来者は立入禁止（'04年8月）

新車のバイクに群がる僧たち。右上の建物は旧招待所、左上は大仏塔（'04年8月）

色達の町外れにそびえる大仏塔とパンを買いに来た親子（'04年8月）

臨時経堂で問答練習に励む僧たち（'04年8月）

共同の水汲み場「龍泉水」に集まった尼僧たち（'04年8月）

色達市街の個人商店に飾られた高僧の写真。左からカルマパ17世（2000年インドへ亡命）、ジグメ・プンツォ学院長、パンチェン・ラマ10世

旧尼僧経堂前で建築資材を運ぶ尼僧。尼僧はラルンガル内で建設工事の手伝いに参加することもある（'04年8月）

西側の丘から撮影した紅く染められる前の「本来のラルンガル最後の姿」。本部棟と僧大経堂の建て替えが進行中（'10年8月）

僧大経堂の建て替えにともない、臨時経堂で講義を受ける学僧たち（'10年8月）

ラルンガルの新門をくぐり、洛若村へ戻る女二人。左手の建物は役割を終えた検問所（'11年8月）

袈裟の緋色をイメージした新尼僧経堂、僧坊群、丘の上の喇栄賓館。ラルンガル改造計画はこの時すでに始まっていた（'11年8月。右は'01年12月）

紅いトタン屋根で厚化粧され、甘孜州宗教ツーリズムの拠点として整備が進むラルンガル（'12年8月）

天空の聖域ラルンガル

東チベット宗教都市への旅《フィールドワーク》

川田 進
Kawata Susumu

Larung Gar,
sanctuary in the sky

19 years' fieldwork
in a religious city
in Eastern Tibet

集広舎

天空の聖域ラルンガル ◉ 目次

第4章　ラルンガルを目指す人々　105

ジグメ・プンツォ学院長の逝去　118

ラルンガル再訪　二〇〇四年八月　125

第5章　ラルンガル復興への道　135

復興の槌音　二〇〇七年八月、三回目のラルンガル　136

「チベット騒乱」後のラルンガル　二〇〇八〜二〇一二年　141

［凡例］

一、東チベット（四川、青海、甘粛、雲南四省内）のチベット人居住地区の州・県・鎮・郷など、チベット語由来の地名には、原則として漢語表記にカタカナのルビを振った。チベット自治区内の地名はカナ表記とした。チベット語音が調査不明のものは漢語表記に留めた。ただし、「康定《カンディン》」のように漢語音が定着している場合は、漢語音でルビを振った。

二、「馬桶《マートン》」のような漢語由来の単語にはカタカナのルビを振った。

三、原則として「チベット人」の呼称を使用した。「チベット族」という呼称は中華人民共和国建国後の民族政策の中で、「中華民族を構成する一員」という政治的要素の強い概念であるため使用しなかった。

四、同様の理由で、「漢人」の呼称を用い、「漢族」や「中国人」の呼称は使用しなかった。

五、甘孜チベット族自治州など行政区画の表記には「チベット族」を用いた。

六、台湾と香港の在家信徒には、「華人信徒」の呼称を用いた。

七、中華人民共和国の通貨人民幣と日本円の換算レートは、一元を二十円とした。

八、引用文の中で、［ ］内に筆者の注を記した。

はじめに

〝禁足地〟としてのラルンガル

ラルンガルは、現代中国社会の〝異界〟である。

〝異界〟とは自分たちが属する世界の外側の領域を指している。ラルンガルは現実世界とつながっているにもかかわらず、長年、中国の地図や仏教関係書に載ることはなかった。

公権力の側から見れば、ラルンガルは容認しがたい異形《いぎょう》の宗教空間であるため、特殊な結界を張り、部外者の立ち入りに目を光らせてきたのだ。複雑な事情から社会の中で秘匿《ひとく》されたことにより、ラルンガルは次第に神秘性を深めていったのである。

私がラルンガルに初めて足を踏み入れたのは二〇〇一年冬のこと。

当時、ラルンガルにほど近い色達《セルタ》の町には、案内板すら見当たらなかった。地元のチベット人は、「ラルンガルには妖怪変化《へんげ》がいる。物騒だから行くのはよせ」と忠告してくれたが、まさか一つ目小僧が出ることはあるまいと高《たか》をくくった。

ところが、ラルンガルの領域に入った瞬間、私は脳天を割られたような衝撃に襲われた。学僧たちの住居である僧坊数百戸がことごとく破壊され、基礎と土壁が露《あら》わになり、まるで空襲後の残骸《ざんがい》と化していたのだ。

その時、私は乗り合いトラクターの荷台の上に立っていた。すると同乗の男が「写真を撮るな。面倒なことになる」と大声で叫んだ。私は紅いベールをかぶった〝魔物〟の仕業《しわざ》だと直感した。

だが、墓場のような情景が過ぎ去った後、すり鉢状の谷の三方を僧坊群が埋め尽くす姿が眼前に現れると、再び私の脳天に一撃が加えられ、一瞬言葉を失った。

ここはチベットの奥地に存在すると伝えられているユートピアなのか。それとも時の権力との闘争を経て築き上げた傷だらけの解放区なのか。すぐに答えを出すことはできなかったが、一見したところ、ラルンガルは袈裟《けさ》を着た集団が住まう黄土色の小さな宗教都市であることは間違いなかった。そして、北側の丘にそびえる大仏塔を中心に周囲をながめると、宇宙の縮図を意味する立体マンダラのようにも見えてくる。

トラクターを下りた在家信徒の男が「ここは法王様が開いた聖なる地だ。ただ、残念なことに法王様は不在だが」とつぶやいた。事情が飲み込めない私は、寒風に震え、強烈な砂ぼこりにまみれながら、心臓の鼓動が高まるのを感じた。真っ青に晴れわたった冬の空をハゲワシが悠然と舞い、東チベットの〝浄土〟を見下ろしていた。

今思えば、私にとってラルンガルとの出会いは、今後の人生を左右する驚天動地の一大事であった。なぜ地図にすら載っていないのか。紅い〝魔物〟の正体は何か。「法王」とは誰なのか、今どこにいるのか。私は誰かに見張られているのか。今夜の寝床は見つかるのか。到着したばかりなのに、さまざまな疑問と不安が脳裏を巡った。

私はラルンガルが抱える多くの謎を解明すべく、二〇〇一年から一二年までの間に六回現地へ赴いた。ラルンガルに棲みついたやっかいな〝魔物〟が外国人の立ち入りを制限する時期もあったが、ラルンガル関係者の配慮と仏の加護により、無事に六回の短期調査を終えることができた。

私は本書の執筆に入る前に、もう一度ラルンガルの近況を把握する必要があった。だが、二〇一六年の夏に七回目の訪問を予定していた時、不測の事態が起きた。

現地の政府当局が「ラルンガル改造計画の実施により外国人立入禁止」のお触れを出したのである。その後、数台のブルドーザーと多数の土木作業員が入った後、ラルンガルへ通じる外国人通用門が閉じられたとのこと。日本にいる私の耳もとにブルドーザーのうなり声と尼僧たちの涙声が聞こえてきたように感じた。

その時、私は二〇〇一年にラルンガルで目撃したあの墓場のような情景を思い出した。わがチベットの原風景・ラルンガルはこのまま消滅するのか。

本書を手にした読者は、表紙カバーに掲げられた谷間を埋め尽くす僧坊群に度肝を抜かれたことであろう。ラルンガルは「ラルン五明《ごみょう》仏学院」の略称であり、チベット仏教やチベット文化を伝授する政府が認可した教育機関である。学僧数は一万とも二万とも言われている（35頁「ラルンガル入門」参照）。

ラルンガル再開放への期待

二〇一七年三月にＮＨＫ・ＢＳが放映した、ラルンガルの今を紹介する番組「天空の〝宗教都市〟」（巻末資料参照）をご覧になった方もいるだろう。ドローンが撮影した巨大な僧坊群、僧侶の日常、試練の学問、鳥葬の神秘等、今までわれわれが知らなかった宗教と学問が躍動するラルンガルの姿を高性能カメラが鮮明に記録したドキュメントである。

制作に際して私は資料と情報提供を行ったが、宗教紀行番組という性質上、政治と宗教の関係に触れることはできなかった。そこで、映像作品に収めることができなかったラルンガルにまつわる秘話や逸話も本書に盛り込んでいきたい。

いまだ正確な情報が不足する中、われわれの現実世界と異界ラルンガルをつなぐ道具はインターネットである。「ラルンガル」と入力し検索を行えば、概《おおむ》ね二〇一〇年以降のラルンガルをさまざまな角度から撮影した写真や動画を閲覧できる。ラルンガル探訪記の他、二〇一六年以前はラルンガルツアーの募集や案内ガイドの提供などの情報もあふれていた。しかしながら、インターネット上のラルンガル情報の特徴は、現実と虚構がないまぜになっている点にある。不正確な情報がインターネット上を漂流し、ラルンガルの意義と役割が誤解されていることに私は戸惑いを感じてきた。

二〇一六年春に外国人観光客が閉め出された後、ラルンガルの再開放を望む声やラルンガル潜入情報がインターネット上を賑わせた。本書執筆中の二〇一九年初の時点で、具体的な再開放時期を確認することはできない。待ちきれないラルンガルファンや世界辺境愛好家の中には、あえて「関所破り」を敢行する者もいると聞く。ラルンガル改造計画の期間中、中国政府が外国人の入場を禁止している以上、強引な訪問者は逮捕されることも十分あり得る。ラルンガルは確かに宗教教育機関であるが、中国では政治的に「敏感」な場所と見なされてきたことに注意する必要がある。

〝魔物〟の襲来を受けて、ラルンガルの高僧は学僧と信徒たちに向かって、「嵐が去るのを待て」と指示した。ラルンガルは解体され消滅するわけではない。外国人入場再開の日が来るまで逸《はや》る気持ちを抑えていただきたい。

ラルンガルの持つ「磁力」

私は一九八一年に大学入学後、漢語の習得に情熱を燃やしつつ、毛沢東時期の小説を読みふけっていた。卒業論文の準備を進めている時、マラチンフ（一九三〇～）という中国内モンゴル自治区出身の作家が書いた小説「活佛的故事（活仏の話）」を読み、活仏（化身ラマ）に選ばれた少年が不幸な人生を歩むという内容に強い違和感を覚えた。この小説との出会いが、私の初めてのチベット体験である。

東チベット各地に残された中国共産党の足跡に興味を持っていた私は、一九八八年に教員になった後、一九九一年以降、毎年東チベット（主に四川、青海、甘粛、雲南各省内のチベット人居住地区）を探索する旅に出た。

初めて訪れた場所は、十四世紀に活躍したチベット仏教ゲルク派の開祖ツォンカパの生誕地として知られる青海省湟中《こうちゅう》県のクンブム（タール寺）であった。省都・西寧《せいねい》市の近郊に位置しているため、一九九一年当時、すでに観光化の波が寺院に押し寄せており、最初の聖地訪問は落胆の気持ちを抱えることになった。

その後、アムド（東北チベット）と呼ばれる青海省や甘粛省のチベット人居住地区の各地を放浪しているうちに、またたく間に十年が経過した。アムドを選んだ理由は、中国共産党との関係が比較的良好な地域であり、長距離バスの路線網も充実していたからだ。

　そして、東チベットを歩き始めて十一年目に足を踏み入れた場所が、ラルンガルであった。一九九七年にある漢人信徒との出会いからラルンガルの存在を知って以後、ずっと気になっていた（22頁「重慶の男」参照）。そして、二〇〇一年のラルンガル体験は、私の仕事に大きな転機をもたらした。つまり、これまで中国現代文学を研究対象としていたのだが、魅力が薄らいできた文学研究から足を洗い、ラルンガルを柱とする「東チベットの宗教と政治」を新たな研究テーマに選んだのである。

　私に方向転換を決意させた理由の一つは、二〇〇一年にラルンガルで出会ったある漢人僧侶（漢僧）の存在であった。彼は私に「今、中国で真剣に仏教を学びたいのであれば、ラルンガルが最適の場所である」と主張し、仏教に興味を持った後、なぜラルンガルで出家したのか、その理由を滔々《とうとう》と語り始めた。彼が力点を置いたのは、ラルンガルのケンポ（学堂長）が漢語で的確に経典解釈を行うことであった。そして尼僧坊が破壊された一件を質問した際にも、臆《おく》することなく丁寧な説明をしてくれた。僧坊を去る際、この漢僧は「ラルンガルのことを知りたければ、陳暁東《ちんぎょうとう》の『寧瑪的紅輝（ニンマの紅い輝き）』という作品を読むがよい。上海の個人書店へ行けば、私家版が手に入るだろう」と教えてくれた（作品については１０６頁「『ニンマの紅い輝き』」参照）。

　この時、漢僧との二時間に及ぶ濃密な交流は、私の好奇心を強く刺激した。ただし、「ラルンガルへ来たことで、長年探し求めていた信頼できる師僧にやっと巡り会えた」という漢僧の熱い思いと、ラルンガルで発生した僧坊解体事件という二つの出来事を、頭の中で同時に咀嚼《そしゃく》することができなかった。

　二〇〇一年にラルンガルで過ごした三日間、私は漢僧の言葉と僧坊解体事件のことが頭から離れなかった。そして、短い滞在時間の中で、テンジン・ジャンツォ副学院長に謁見《えっけん》する機会にも恵まれた（91頁「ついにラルンガルへ」参照）。

　ラルンガルはもはやチベット人だけの聖域ではない。成都へ戻るバスの中で、チベット人の乗客から、「ラルンガルの創設者は、仏教を学ぶ志を持つ者すべて受け入れる理念を掲げていた」ことも教わった。私は長時間バスに揺られながら、漢人の信徒や出家者を次々と魅了するラルンガルという巨大かつ強靭《きょうじん》な「胃袋」の中に飛び込む覚悟を決めた。こうして私にとって初めてのラルンガル訪問は実り多いものであり、大きな達成感が得られた。ラルンガルを離れて三日目の夜、疲労困憊《こんぱい》で成都の交通飯店《ホテル》にたどり着いた時、思わず「ああ、ラルンガルへ行くのが十年遅かった」と叫んだ。十年にわたるアムドの放浪は決して無駄ではなかったが、その時、十年間すべての成果を寄せ集めてもラルンガルの魅力には叶わないと感じた。ラルンガルの夜と同じく、成都の夜もなかなか寝付くことができなかった。興奮した脳の「震源地」は、間違いなくあのラルンガルであった。

私にとってラルンガルの魅力は、広大な斜面に密集する僧坊群だけではない。更なる関心は、仏教徒を引き寄せる強い「磁力」である。チベット人やモンゴル人のみならず、漢人を惹《ひ》き付ける磁力を、私はラルンガル滞在中に肌で感じ取った。

その磁力は、いったいどのようにして生まれたのであろうか。その後、ラルンガルで定点観測を行い、文献資料やインターネット上の資料収集を継続した結果、磁力を発する仕組みが、今ぼんやりと見えてきたところだ。

大学生の時に読んだ芥川龍之介の小説「歯車」の中に、「僕自身の経験したことを彼に話したい誘惑を感じた」という一文がある。私も「ラルンガルのことを誰かに語りたい」という誘惑の高まりを感じて、十数年前に中国研究誌『火鍋子《ひなべし》』（翠書房《すいしょぼう》）にラルンガルについての報告を二篇掲載した。

本書は比較的早い時期にラルンガルという〝迷宮〟に入り込んだ私から、現在ラルンガルに興味をもつ読者諸兄へのメッセージである。ラルンガルはその威容から「絶景」や「奇跡」と表現されるほど軽い存在ではなく、社会主義国家の中でチベットの宗教と学問を守り発展させてゆく重い役割と責任を担っていることも本書を通じてご理解いただきたい。

読者の中には、チベット亡命政府と中国共産党の間に存在する「チベット問題」に関心を寄せる人も多数いることだろう。早いもので一九五九年ダライ・ラマ十四世（一九三五〜）のインド亡命からすでに六十年の歳月が経過した。その間、鄧小平《とうしょうへい》（一九〇四〜九七）の時代にダライ・ラマの中国への帰還問題が議論されてきた。

しかし、現在に至るまで幾度も代理交渉が行われたが、結局のところ双方の主張はねじれた関係のままであり、問題解決の糸口は見いだせていない。

本書のキーワード

本書はいわゆる「チベット問題」を利用した、中国共産党への感情的な批判を目的としたものではない。そして、「ダライ・ラマの意向と資金でラルンガルは創設された」、「中国当局が写真狩りを行った結果、ラルンガルからダライ・ラマの肖像が消えた」といったインターネット上の噂話を引用して、ラルンガルを反中国運動の拠点として描くつもりもない。

想定される読者は、チベットの歴史や文化の愛好家、ラルンガル訪問を夢見るバックパッカー、民族問題や宗教紛争に関心を寄せる者、宗教関係者や研究者、チベット仏教を信仰する在日漢人・華人等である。このような広範囲な読者の存在を念頭に置いた上で、私が設定したラルンガル理解の鍵となる概念や人物は次のとおりである。

ジグメ・プンツォ	ラルンガルを創設したチベット仏教ニンマ派の高僧
ケンポ・ソダジ	現在のラルンガルを支える最も重要な高僧
パンチェン・ラマ十世	ラルンガル創設を支援したチベット仏教ゲルク派の高僧
色達《セルタ》	ラルンガル探訪の拠点となる町
ラルンガル粛正事件	二〇〇一年に発生した中国の政教関係を反映した僧坊破壊・撤去事件
ラルンガル改造計画	二〇一六年に始まった政府主導の観光地化プロジェクト
宗教ツーリズム	今後のラルンガルの行方を左右する信仰なき訪問者たちの動向
『ニンマの紅い輝き』	中国漢人信徒のラルンガル体験を記したルポルタージュ

ニンマ・インフォメーション　かつてインターネット上にラルンガル世界を築いた組織
ソーシャル・キャピタル　ラルンガルが中国社会で生き残るための新たな役割
統一戦線活動　中国共産党が宗教や宗教者を懐柔する戦略
長田幸康　一九九七年にラルンガルを訪問したフリーライター
『旅行人ノート①チベット』　長田が執筆し、蔵前仁一が発行したガイドブック

確かに中華人民共和国は中国共産党が指導・運営する国家である。中国における宗教活動の自由は、あくまでも中国共産党が定めた宗教政策という掌《たなごころ》の上で許された「自由」にすぎないため、チベットに関心を寄せる多くの人が「公権力に虐《しいた》げられたチベット仏教」というイメージを持っていることだろう。

一九九〇年代後半にラルンガルの学僧数が急増した結果、中国共産党は二〇〇一年に尼僧居住区の撤去を強行した。そして二〇一六年以降、地元政府は観光開発を目的としたラルンガル改造計画を実行中である。この二つの時期に公権力が破壊した僧坊群の写真のみを見れば、「ラルンガルは宗教弾圧の標的にされた」という激しい論調が海外から出てくることもうなずける。

ただし、私が長年観察してきたラルンガルは、決して絶望の淵に立たされている訳ではない。ラルンガル自身が公権力という〝魔物〟を退治することはできないが、〝魔物〟と向き合うための智恵と免疫、したたかさを確実に身に付けてきた。私はこれまでのラルンガル体験の中から、幾筋もの希望の光を感じてきた。

目的と構成

本書は中国四川省の奥地に存在するラルン五明仏学院、略称ラルンガルを日本の読者に紹介する目的で著したものである。

二〇一六年以降、「ラルンガルのことをもっと知りたい」、「なぜ今、外国人は立入禁止なのか」、「本当にラルン

ガルは消滅するのか」等さまざまな質問が、チベット愛好家、バックパッカー、マスコミから私に寄せられた。

そこで、二〇〇一年以降に実施した六回の短期調査に基づき、ラルンガルが発行した図版資料集や漢人信徒がインターネット上に掲載した文書から情報を補うことにより、ラルンガルの過去と現在、そして今後の動向を浮き彫りにしていく。

次に、全6章の構成を以下に示す。

第1章「ラルンガル事始め」では、一九九七年ラルンガルとの「出会い」、『旅行人ノート①チベット』に掲載されたラルンガル情報の変遷、そしてラルンガルに関する基礎知識を扱う。

第2章「ラルンガルの誕生」では、創設者ジグメ・プンツォの来歴と活動、文化大革命終結後の宗教政策、パンチェン・ラマ十世との関係等を説明した後、ジグメ・プンツォ一行のインド訪問が実現した背景を探る。

第3章「ラルンガル粛正」では、二〇〇一年ラルンガル初訪問の際に目撃した僧坊撤去事件に触れた後、テンジン・ジャンツォ副学院長への謁見と学僧たちの生活風景を紹介する。

第4章「ラルンガルを目指す人々」では、ルポルタージュ作品に描かれた漢僧及び私がラルンガルで出会った漢人信徒の潮流、二〇〇四年ジグメ・プンツォ学院長逝去の衝撃とその後の動向を論じる。

第5章「ラルンガル復興への道」では、二〇〇七年から一二年までのラルンガルの変化、二〇〇八年東チベット騒乱との関係、震災救援活動と地域連携の模索、インターネット上に築かれた宗教空間の特徴を明らかにしていく。

第6章「ラルンガルはどこへ行く」では、信仰なき来訪者への対応、宗教ツーリズムの展開、観光開発による改造計画の行方等、現在直面している諸問題を紹介しつつ、将来のラルンガル像を探る。

それでは、天空の聖域ラルンガルの扉を開いてみよう。

ラルンガル構内図

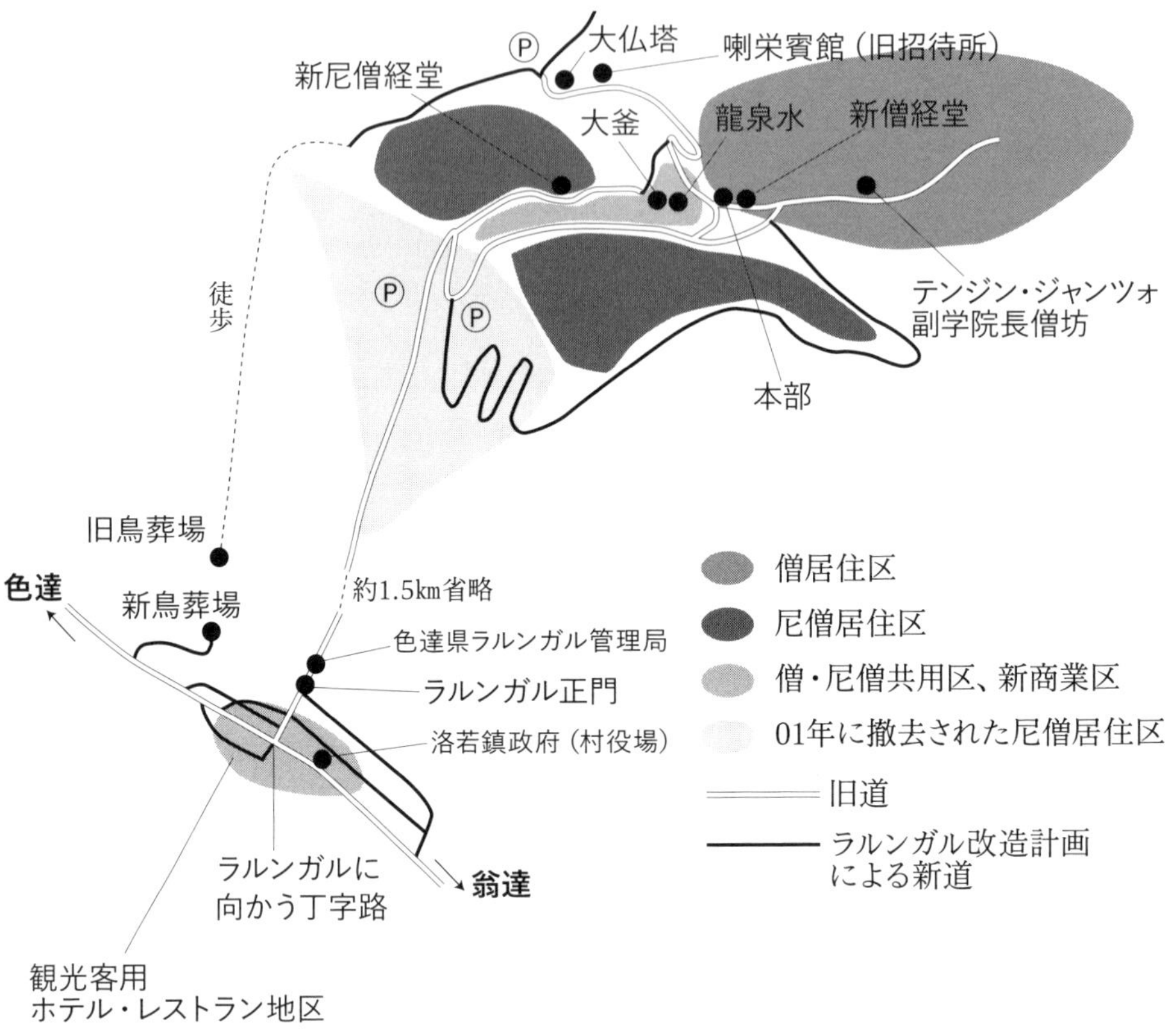

四川省・成都からラルンガルへのルート

①バスルート：成都茶店子バスターミナル→馬爾康→翁達→ラルンガル（直通バスで約18時間）

②バスルート：成都新南門バスターミナル→康定→炉霍→翁達→ラルンガル（炉霍泊、バス乗り継ぎで1日半）

③空路＋バスルート：成都双流空港→甘孜ケサル空港→ラルンガル（2019年夏以降開通予定、約10時間）

関連MAP

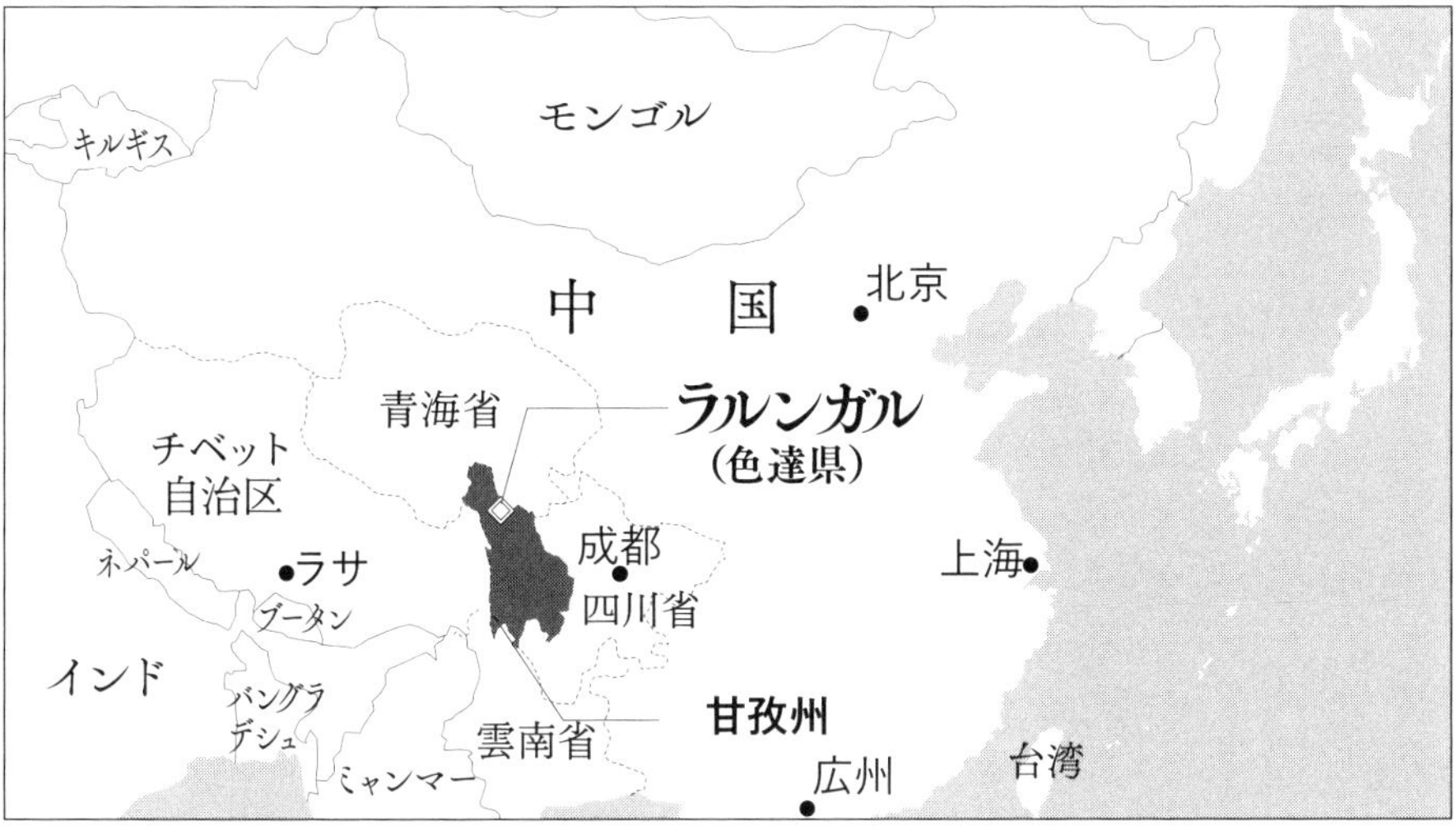
モンゴル
キルギス
中国
北京
青海省
ラルンガル
（色達県）
チベット
自治区
ネパール
ラサ
ブータン
成都
四川省
上海
インド
バングラ
デシュ
甘孜州
雲南省
ミャンマー
広州
台湾

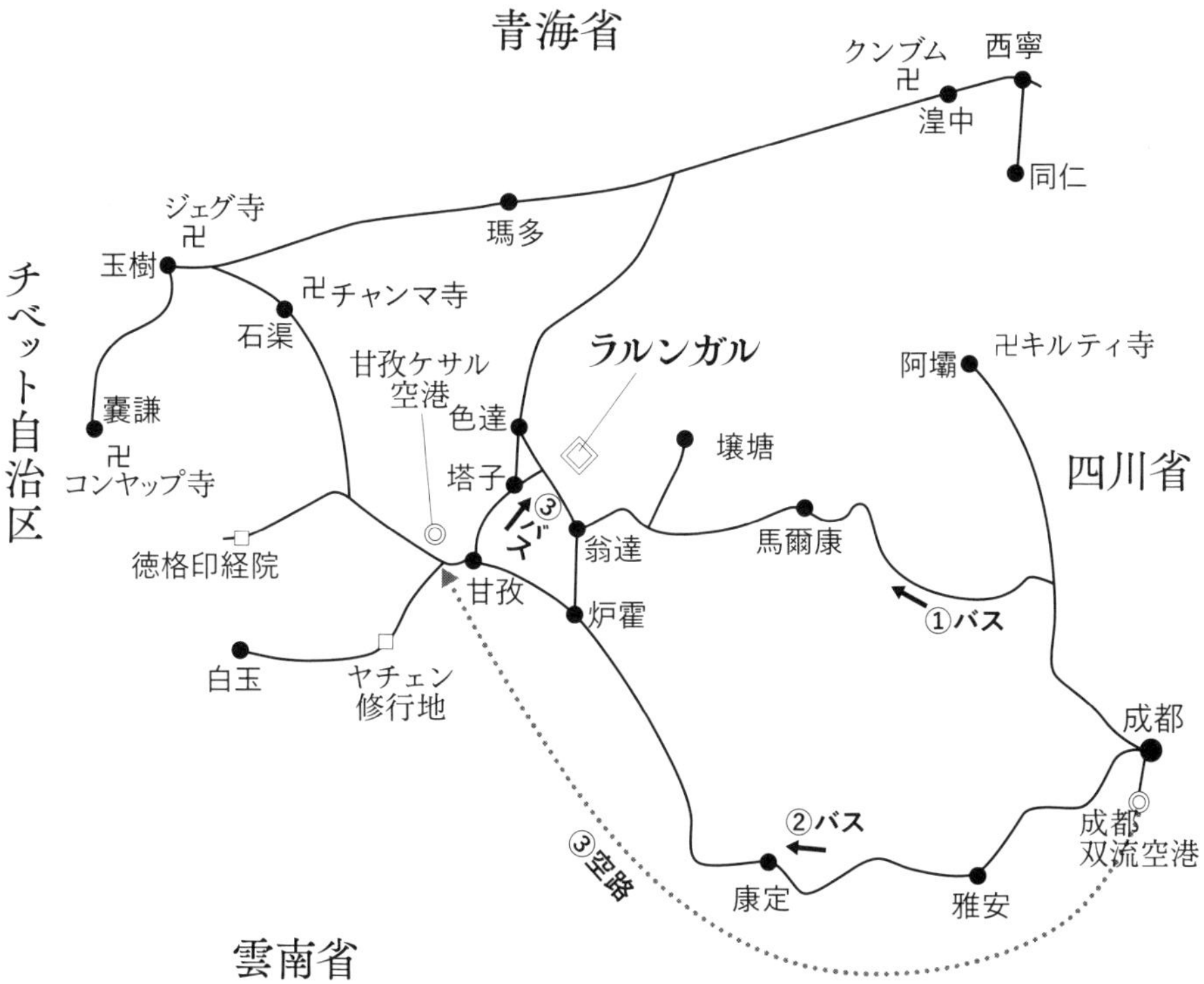
青海省
クンブム
西寧
湟中
同仁
ジェグ寺
瑪多
玉樹
チャンマ寺
石渠
チベット自治区
甘孜ケサル
空港
ラルンガル
阿壩
キルティ寺
色達
嚢謙
コンヤップ寺
壌塘
四川省
塔子
③バス
翁達
馬爾康
徳格印経院
甘孜
炉霍
①バス
白玉
ヤチェン
修行地
成都
②バス
成都
双流空港
③空路
康定
雅安
雲南省

第1章 ラルンガル事始め

＊南側の丘から眺めたラルンガルの僧坊群、大仏塔、招待所（２００１年12月筆者撮影）

重慶の男

炉霍《ダンゴ》行のバス

ラルンガルとの縁は、重慶から来たある男との出会いから生まれた。

一九九七年十二月、私は四川省成都市の交通飯店《ホテル》をチェックアウトした後、隣接する新南門バスターミナルから康定《カンディン》へ移動した。翌朝、炉霍《ダンゴ》行バスの隣の席にその男は座っていた。当時私は三十五歳。男は厚手の地味なジャンパー姿で、うすく無精髭《ぶしょうひげ》を生やしており、その風貌から五十代後半と思われた。

今回の旅の目的は、ゲルク派のダンゴ寺（四川省炉霍《ダンゴ》県）で開帳される高さ十メートルの大型タンカ（仏画・宗教画）を見ることであった。

チベット高原の東部に位置する康定《カンディン》から炉霍《ダンゴ》まで約三百キロメートルを、バスは休憩を含めて十時間かけてゆっくりと走った。乗客の半数は分厚い民族衣装を着込んだチベット人であった。暖房のない車内に、窓ガラスの隙間から常時寒風が吹き込む辛い道中となった。隣席の男は時折貧乏揺すりをしながら、ひたすら数珠を繰り小声で経文《きょうもん》を唱えた。短い会話からわかったことは、男は重慶出身であり、早期退職してこの地へやって来たという。鋭い眼光と強い四川訛《なま》りが印象に残った。

バスは標高四千二百七十メートルの折多《せった》山峠を越え、塔公《ラガン》と道孚《タウ》を経て、日が暮れる頃炉霍《ダンゴ》に到着した。

「ジンメイ先生に会いに行くんだ」

バスを降りると外はすでに薄暗く、私は男に誘われるまま目の前に見える新城旅館《しんじょう》に投宿し、別々に部屋をとった。私にあてがわれた二階の古びた部屋はベッドが二つ、テーブルと椅子、排尿用の馬桶《マートン》、そして裸電球が一つ灯るだけの簡素なものであった。背骨の曲がった初老の服務員は「夜の外出は犬に注意しろ。脚の肉を食いちぎられても知らんぞ」と言いながら、私に部屋の鍵を渡した。

1-1　筆者と「重慶の男」が利用した新城旅館（1997年12月筆者撮影）

男の荷物は大型の布製リュックサックが二つ。その内の一つはやたらと重く、私と二人がかりで男の部屋へと運び入れた。男は「明日の車の手配をしてくるのでこの部屋で待っていてくれ」と言うとすぐに外へ出た。三十分後に戻ってきた男は、私を近くの食堂へと誘った。漢人が経営する個人食堂で、男は水餃子と炒め物の料理を注文した。その時の会話を手帳のメモと記憶を頼りに再現する。

男「日本人がなぜこんなに辺鄙《へんぴ》な町へやってきたんだ。俺は二度目だから、ある程度町の様子がわかるけど。荒々しい犬が多いし、物盗りもいる。お前は漢語が達者だから漢人として振る舞った方がいい。日本人であることは黙っておいた方が無難だ」

私「甘孜《カンゼ》州一帯は仏教が盛んな地域だ。寺院も多い。寺を見学しながら、田舎道を歩きたい。それに、川蔵《せんぞう》北路（現在の四川省とチベット自治区を結ぶ幹線道路）はかつて共産党の軍隊がラサに向かった道だ。当時の歴史にも興味がある」

男「このあたりはチベット人が多数を占める町だ。漢人もいるが多くは四川一帯から移住してきた商売人だ。共産党とか解放軍とか、この町でそんな物騒な話はしないほうがいい」
私「ところであなたはこの町へ何をしに来たのか。あなたも商売に来たのか」
男「明日の早朝、乗り合いの車で色達《セルタ》の仏学院へ行く。運転手は他に二人客がいると言っていた。俺はもう退職したので、仕事はしない。ラルンガルという所にある五明《ごみょう》仏学院で仏教を学ぶつもりだ。そしてジンメイ先生に会いに行く。ここまで来たんだから、おまえも仏学院へ行かないか。車にはまだ乗れるぞ」
私「色達《セルタ》という地名は知っているが、五明仏学院のことは聞いたことがない。ジンメイ先生という名も初耳だ」
男「ジンメイ先生から教えを受けるために俺は退職したんだ」

1-2　炉霍中心部の丁字路でラルンガル行きの客を待つ乗り合いのバン（1997年12月筆者撮影）

翌朝、再び男の重い荷物を白いバンに積み込むのを手伝った。中には炊事道具や仏教書が詰まっているとのこと。車にはチベット人が一人、漢人が三人乗っていた。車中の別の乗客は康定《カンディン》から仏学院へ戻る途中とのことであった。男は、「仏教に興味があるのならば、一緒にラルンガルに行こう。今から荷物を取りに戻ってもいい。昼過ぎには到着だ」と執拗《しつよう》に誘ったが、私は丁重に断った。

するとその場で手帳に何かを書いて破りとり、私に渡した。「四川省甘孜州色達県　五明仏学院　索達吉活仏　××」と書いてあった。××は彼の氏名である。彼は「いつでも自分を訪ねてくるように」と言い残してドアを閉めた。

この日の朝は凍てつく寒さであった。この時期の早朝は零下十五度だ。足は震えが止まらず、歯はガタガタと鳴った。手袋の中の指は思うように動かず、痛みが走った。身も心も冷え切った私は、見知らぬ男たちと車に乗る勇気がなかった。

ラルンガルの高僧

男を見送った後に一旦宿へ戻った私は、十時頃ようやくベッドを離れて町へ出た。少し北へ歩くと丁字路があり、ラルンガルへ向かう白タク（地元政府が黙認する無登録の個人タクシー）が客待ちをしていた。標識には「甘孜《カンゼ》九十三キロメートル、色達《セルタ》百五十三キロメートル」と書かれている。チベット人の運転手に、参考までに男が語っていた仏学院までの所要時間を尋ねると、六時間かかるとのこと。

運転手に件《くだり》のメモを見せると、「俺の車に乗れ、すぐにラルンガルへ案内するぞ」と急《せ》き立てた。「索達吉活仏《ケンポ・ソダジ》」とは仏学院にいる高僧の一人であることも教えてくれた。運転手はフロントガラスに飾ってある写真を自慢げに指さし、「俺たちの守護神ケンポ・ジグメ・プンツォだ。おまえは漢人だから、ラルンガルに行けばお目にかかれるかもよ。俺たちは無理だけど」と語ったが、私にはダンゴ寺に行くという目的があったので、あっさりこの誘いも断った。

運転手と別れて大通りの個人商店に入ると、確かにジグメ・プンツォの写真が飾ってある。この地域を代表する高僧であることは間違いないようだ。この時、私はまだ色達《セルタ》のラルンガルという場所に有名な仏学院があり、ジグメ・プンツォという高僧がいることも知らなかった。

これで、ようやく謎が解けた。男と一緒にバンに乗っていたのはラルンガルの仏学院へ向かう在家信徒であり、男が語った「ジンメイ先生」は「晋美彭措《ジンメイ・ポンツォ》」つまりラルンガルの創設者であるジグメ・プンツォだったのだ。あの時、重慶の男と白タク運転手の誘いを断り、車に乗らなかったことが今も悔やまれてならない。

column ①

ラルンガルと「旅行人」

1　雑誌「旅行人」休刊号

私が炉霍《ダンゴ》の町で、重慶の男からラルンガルのことを教えられた二ヵ月ほど前、つまり一九九七年の秋に長田幸康《おさだゆきやす》（一九六五〜）がラルンガルに到着した。長田は実力派のフリーライターであり、ウェブサイト「I LOVE TIBET」の主宰者としても知られているチベット情報通である。

当時、日本語によるラルンガル紹介記事はなかったはずだが、彼は東チベットで新しい〝鉱脈〟を掘り当てる独特の嗅覚《きゅうかく》を持っていた。青海省の玉樹《ユーシュー》、四川省の阿壩《アバ》、甘粛省の瑪曲《マチュ》、チベット自治区のチャムド等、情報が乏しく外国人の訪問が制限されていた一九九〇年代前半、勇猛果敢に東チベットの奥地に足を踏み入れた経験から獲得したものだ。長田の慧眼《けいがん》がラルンガルを〝発見〟したと言っても過言ではない。

長田はラルンガル初体験の興奮を雑誌「旅行人」の休刊号「特集：世界で唯一の、私の場所」に書き残した。タイトルは「谷を埋め尽くす大ゴンパ」。以下に原文の一部を引用し、解説を加える。長田にとっても私にとっても、ラルンガルは間違いなくチベットの〝原風景〟の一つである。

【長田】寺は康定《カンディン》から数日に一本しかバスのない町色達《セルタ》から、さらに奥まった谷にある。僕は手前の町で輸送トラックをヒッチし、十数人のチベット人たちと一緒に荷台に乗って寺を目指した。（中略）ゆっくりとしか進まないトラックの荷台でいったい何時間揺られただろう。不意に白いチョルテン（仏塔）が八基見えた。（中略）谷の斜面を僧坊がぎっしり埋め尽くし、どこまでも続いている。そのあまりのスケールの大きさに距離感を失った。（中略）上《うわ》の空になってしまった僕を現実に引き戻してくれたのが検問だった。（中略）丘の上にそびえる巨大なチョルテンの一階がゲストハウス。（中略）夜明け前から威勢のいい読経《どきょう》で起こされるのには閉口したが、その声の

主が上海から来た中国人信者のものだと知って驚かされた。千人規模の中国人が専用の学堂で学んでいたのだ。

長田は四川省の成都からバスで康定《カンディン》を経由して炉霍《ダンゴ》に到着後、色達《セルタ》方面に向かうトラックの荷台に便乗したという。定期バスの本数が少ない東チベットでは、トラックが有料で個人客を輸送することがあった。未舗装の道をトラックの荷台で数時間揺られることは、まさに難行苦行である。色達《セルタ》の町に到着する手前約二十キロメートルの地点に丁字路があり、当時そこから白いチョルテン群が見えた。そこはラルンガルの入口であ

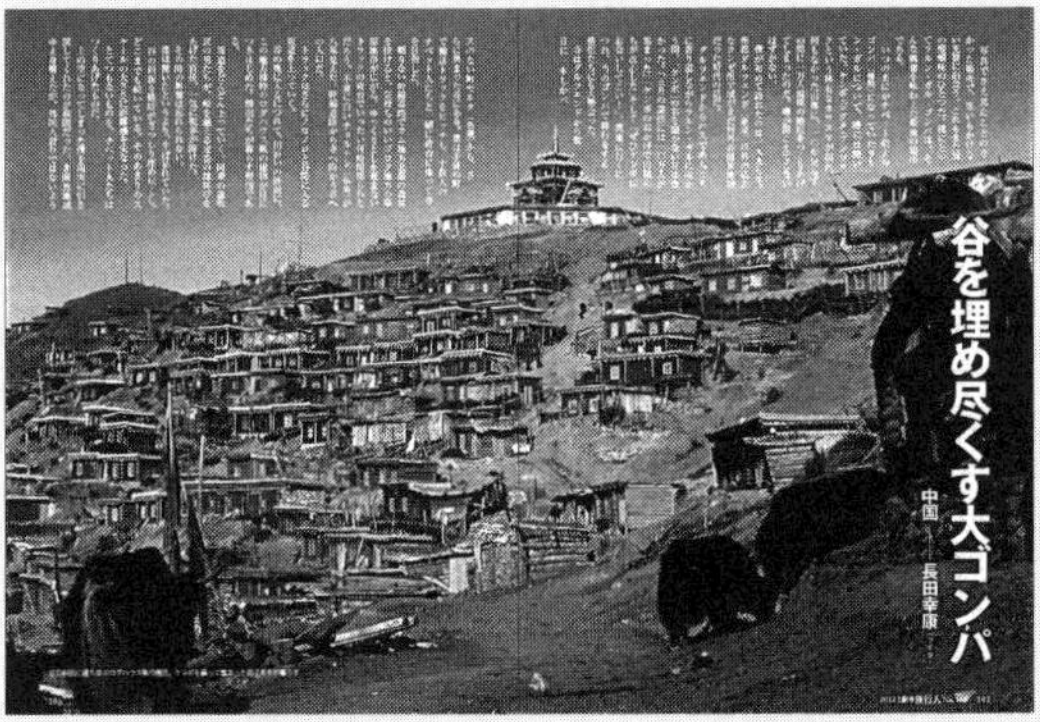

長田が寄稿した雑誌「旅行人」の休刊号（165号、2012年、102-103頁）

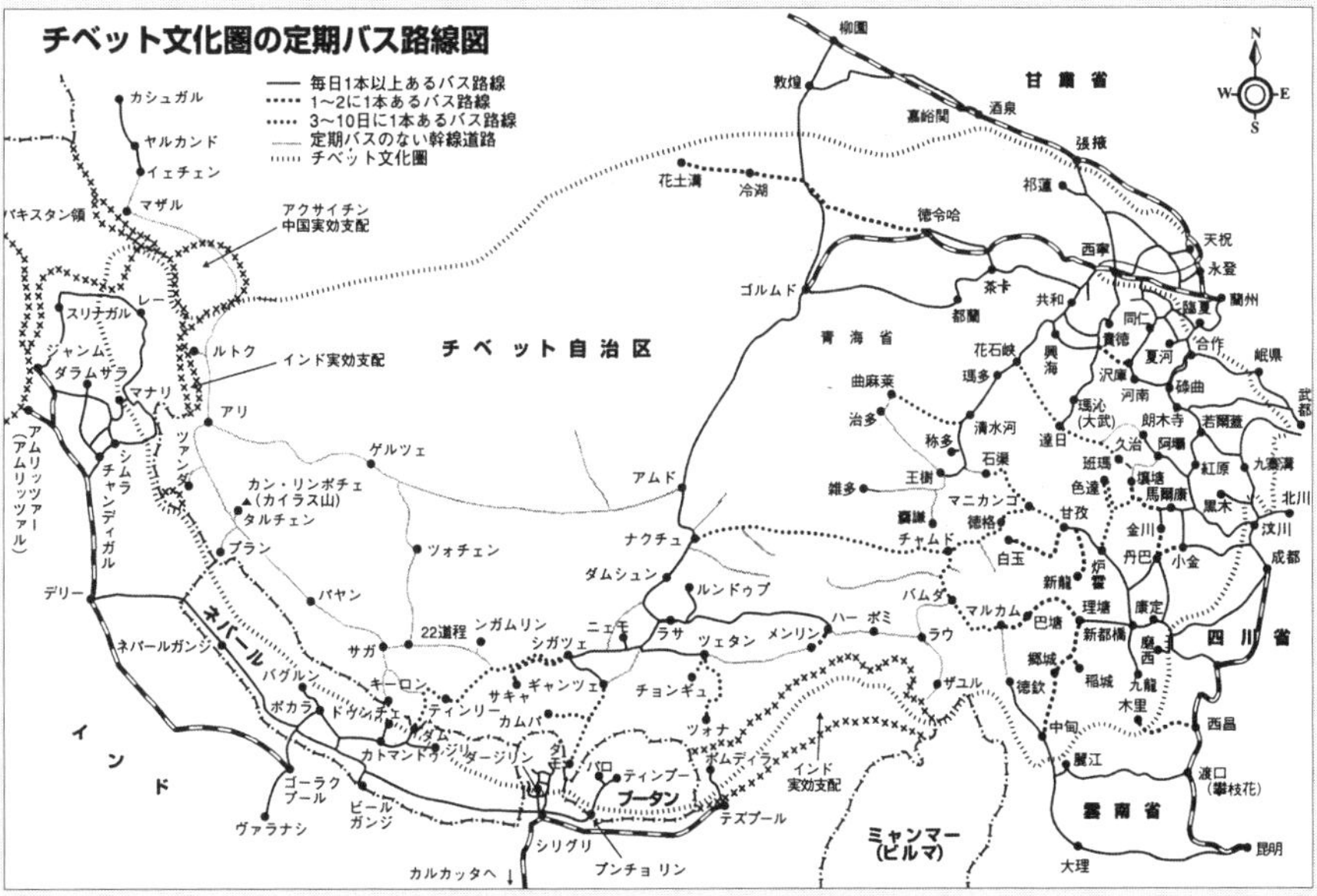

『チベット』（初版）に掲載されたチベット文化圏の定期バス路線図

1997年に長田が宿泊した当時の仏塔。1階はゲストハウスだった(『心中燃起的時代明灯』41頁)

り、その後、立派なゲートが設置され、商店や宿が軒を連ねたため、当時の素朴な風景は姿を消した。

ラルンガルの壮大さは、インターネット上にあふれる写真から一目瞭然である。ただし、二〇〇一年の粛正(第3章参照)、二〇一六年の改造計画をへて大きく変貌した。一九九七年の長田のラルンガル体験が持つ意味は、二〇〇一年の僧坊撤去事件前のラルンガルを目撃した点にある。検問は不定期に行われていた。これはラルンガルの歴史的変遷をたどる上で重要な証言である。

私が初めてラルンガルを訪問した二〇〇一年当時、チョルテン一階の宿泊施設はマニ車《ぐるま》の回廊に変わっていた。その後、仏塔東隣に招待所(簡易宿泊所)が建ち、漢人在家信徒が多数滞在していた。ラルンガル理解のキーワードは「検問」と「漢人信徒」である。なぜ、政府当局は検問所を設けて、外部の人間を規制するのか。チベット語を解さない漢人が、なぜ辺境のラルンガルに来てチベット仏教を学ぶのか。

一九九七年の長田幸康のラルンガル初体験レポートは重要な示唆を含んでいる。長田はその後も複数回ラルンガルを体感した後、蔵前仁一《じんいち》と二人三脚でガイドブック『旅行人ノート①チベット』の制作に取り組み、ラルンガルの存在と魅力を世に知らしめた。彼らの努力に私は脱帽する。

2 『旅行人ノート①チベット』とラルンガル

†『チベット』初版(一九九六年)

ラルンガルに興味を持つ読者は、旅行人発行の『旅行人ノート①チベット〈チベット文化圏完全ガイド〉』(初版〜第四版、以下『チベット』)をご存じのはずだ。

一九九一年からチベット文化圏を歩き始めた私は、大阪の書店でこのガイドブックを手にした時、豊富な情報と詳細な地図に感激したことを覚えている。初版奥付上の著者は「旅行人編集室」とあるが、実際の分担は制作が蔵前仁一、本文執筆は長田幸康、地図作製は富永省三であった。私の東チベット調査は当初この『チベット』初版に支えられ、その後、私が長田に提供した調査成果の一部が改訂版に盛り込まれていった。

◉フリーライター・長田幸康

本文執筆の長田幸康は『ぼくのチベット・レッスン』、『チベット・デビュー』、『あやしいチベット交遊記』、『天空列車――青蔵鉄道で行くチベット』等、多数の著作がある。

『チベット』初版（1996年）

長田がチベットに出会ったのは、大学時代の一九八五年、インド北部にあるチベット難民の町ムスーリーであった。その二年後、青海省の格爾木《ゴルムド》からチベット自治区のラサへバスで向かった。長田はバスの激しい揺れと高山病の症状に悩まされながらも、隣席のチベット人家族に助けられて「無事に」ラサへ到着した。彼は当時を回顧して、「この薄汚いバターの匂いのするチベット人たちに囲まれたときに感じた『居心地のよさ』こそ僕のチベット原体験ではないだろうか」と、著書の中で語っている。そして激動の一九八九年三月、ラサ騒乱が報道される中、長田はチベット亡命政府のあるインドのダラムサラに向かった。

私と長田の付き合いが始まったのは一九九七年である。青海省玉樹《ユーシュー》チベット族自治州で宗教調査を行う際、長田と電子メールで情報交換を行ったのが縁である。長田が一九九二年に撮影したジェグ寺（青海省玉樹《ユーシュー》県）の写真は、研究資料としても重要である。彼はチベット文化圏全域を自分の足で踏査した訳ではないが、二十代の鮮烈なチベット体験が、『チベット』の執筆にしっかりと活かされている。

◉地図職人・富永省三

富永省三は世界各地を旅しながら、町や村々を描く地図職人である。初版のプロフィール欄に、「一九八四年からアジア、北アフリカ、ヨーロッパを中心に六十数ヵ国を旅する」と紹介されている。グーグルマップなど存在しなかった時代に、中国政府にとって政治的に「敏感」なチベット圏各地を一年間歩き、地図約二百五十点を作りあげたことは驚嘆に値する。これらの地図は安全保障の面から見ても極めて有用であった。

彼が作成した地図の多くは雑誌「旅行人」に掲載され、バックパッカーを中心とした読者の間で「富永マップ」と呼ばれ、イランやキューバ、中南米地域等の町や村の地図がコピーされて広く出回った。自分の歩幅と方位磁石を頼りに町を歩き、製図ペンを用いて情報満載の地図を次々と完成させていった。

「富永マップ」の特徴を蔵前仁一は著書『あの日、僕は旅に出た』の中で、次のように語る。

「町の建物や道路が極めて正確に記載されているだけではなく、ホテルやレストランには料金、食事の内容と感想、見どころの概略、道からの風景、歩くときに便利な目印、交通手段などなど、その町を歩くのに必要な情報がほとんどすべて地図の中にびっしりと書き込まれている。だから、この地図が一枚あれば、ガイドブックは不要なほどだった」。

初版刊行から三年後、私は中国書籍を販売する東方書店の広報誌に『チベット』の書評を書いた。一九九六年に甘粛省碌曲《ルチュ》県、九七年に青海省玉樹《ユーシュー》州を訪問した際、このガイドブックの価値を実感したからだ。もう一つの理由は、初版に掲載された二枚の地図「チベット文化圏の道路事情距離マップ」「チベット文化圏の定期バス路線図」を作成した苦労に報いるためでもあった。幹線道路の路面状況や定期バス運行状況の情報は、私の現地調査に大きく役立った。富永の情熱に頭が下がる思いだ。

⦿旅行人代表・蔵前仁一

蔵前仁一は有限会社旅行人の代表であり、雑誌「旅行人」（一九九三〜二〇一一）の編集者、イラストレーターなど多彩な顔をもち、バックパッカーの世界では神的存在である。旅行作家として『ゴーゴー・インド』、『沈没日記』、『よく晴れた日にイランへ』等、長田と同じく軽妙洒脱《しゃだつ》な著作は長年にわたり多くの読者に愛読されている。

『チベット』は主に中国、インド、ネパールのチベット文化圏を網羅している点に最大の特徴があり、編集関係者の汗と涙の結晶である。チベット自治区のラサやカイラスの他に、カム（東チベット）やアムド（東北チベット）と呼ばれるチベット高原東部に関する詳細な情報も収録している。蔵前の後日談によれば、八百万円もの多額の制作費をかけて初版八千部を発行したが、販売は極めて低調、大赤字を抱え込んだとのこと。

初版にはラルンガルの所在地である色達《セルタ》県に関する簡略な記述はあるが、まだ地図はなく、ラルンガル情報もない。参考までに一九九六年当時の色達《セルタ》へのバス移動は、康定《カンディン》から炉霍《ダンゴ》経由で要二日、成都から馬爾康《マルカム》経由で要二日、いずれも十日に三本程度の運行であった。

†『チベット』改訂版（一九九八年）

初版発行から二年後に改訂版が出た。初版の販売が

『チベット』改訂版（1998年）

低調な中、蔵前は大きな決断をしたものだ。改訂版に初めてラルンガルの写真が掲載されたが、説明はなし。色達《セルタ》への移動方法として、炉霍《ダンゴ》の新城旅館などから時々乗り合いジープが出るという情報が追加された。

色達《セルタ》県の中心地である色柯鎮《セルコク》（鎮は日本の町や村に相当する行政単位）に関する紹介を引用する。「南側にパンチェン・ラマ十世の大きなチョルテンがある程度。外国人は色達《セルタ》県政府招待所（地方政府経営のホテル）に泊まらされ、電話で公安に連絡される。罰金はなし」。

これはおそらく長田の実体験に基づいた情報であろう。この頃、色達《セルタ》県は外国人に開放されていなかった。バックパッカーと現地公安との間でトラブルが発生する可能性を示す記述である。長田はラルンガルの写真を掲げたが、あえて説明を加えなかった。改訂版発行当時、ラルンガルに注目する旅行者はほぼいなかったからだ。ラルンガルは外国人バックパッカーが気軽に訪問できる場所ではなかった。

†『チベット』第三版（二〇〇二年）

改訂版から四年後に第三版が出た。カラー口絵のページが約三倍に増え、多数の項目に新たな情報が追加された。「聖都ラサ」「カン・リンポチェ（カイラス山）」「第三の極地に暮らす人々」「チベタン・ファッション

図鑑」等のカラー写真は、チベットへの旅情をそそる魅力を備え、チベットファンの購買心を刺激する役割を果たした。

第三版では色達《セルタ》への交通情報として、炉霍《ダンゴ》の卡薩《カサル》飯店《ホテル》から色達《セルタ》行きの定期バス、色達《セルタ》発炉霍《ダンゴ》行の乗り合いバンやトラックが追記された。そして、ラルンガルを紹介するコラムが満を持して登場した。

ラルン・ガル・ゴンパ（『チベット』第三版）

幹線道路沿いに立つチョルテンを目印に谷を上がって行くと、やがて両側の丘の斜面を埋めつくす僧房群にあっけにとられるだろう。一九八〇年代に開かれたばかりのゴンパだが、二〇〇一年には僧・尼僧八〇〇〇人が暮らしていたとされる。漢族の信者も一〇〇〇人ほどいて、専用の学堂や寮が建てられている。

座主のケンポ・ジグメ・プンツォク師は、テルトン・ソギェル［本書49頁に登場するレーラプ・リンパを指す］の転生者とされ、文革を生き抜いた本土で数少ない高僧の一人で、現在カム全域で絶大な人気を誇るカ

『チベット』第3版（2002年）

リスマ・ラマ。ダライ・ラマ十四世の写真がおおっぴらに飾れなくなった今、東チベットのバスやトラックのフロントガラスに貼られているブロマイドはかなりの確率で、このケンポ・ジグメ・プンツォク師のものだ。師の説法は美しく、それにメロディをつけた歌がヒットしている。ケンポが現れたおかげで、荒くれ者で知られるゴロクとカムの男たちが悪さをはたらかなくなったとまで言われている。

ただし、ゴンパがあまりに巨大化しすぎたせいか、当局から縮小命令が出て、二〇〇一年に地元出身者以外は強制的に追い出され、僧坊が取り壊された。リストラ後は千数百人規模に落ち着いているようだ。

このゴタゴタのせいでゴンパは一時期対外非開放となってしまったが、二〇〇二年五月現在、問題なく入れるようだ。

チベットエリアに関心をもつバックパッカーのための勘所を押さえた解説である。中国当局が肥大化したラルンガルに制裁を加えたというニュースは、日本の新聞では報道されなかったが、中国の政治と宗教の関係を知る上で大事な指摘である。

私は第三版にラルンガルの紹介がなされたことに、少々複雑な思いを抱いた。それは、二〇〇一年に行われた僧坊破壊の生々しい傷跡を私自身が直接目撃し、ラルンガルは政治的に「敏感」な場所、つまり巨大な宗教コミュニティーにドロドロとした政治の論理が渦巻いていることを知っていたからだ。

†『チベット』第四版(二〇〇六年)

四年後に待望の第四版が出た。私は東チベット各地の調査で撮影した写真を多数提供した。編集部から送られてきた第四版の口絵を見て驚いたことは、ラルンガルの谷間に広がる広大な僧坊群のカラー写真が見開きで入ったことだ。各種情報がインターネット上で行き交う中、とうとうラルンガルにスポットライトが当たる日が来てしまった。この時も私の思いは複雑であった。

コラムには、ラルンガルの高僧が私に託したメッセージが書き込まれた。

ラルン・ガル・ゴンパ(『チベット』第四版)

二〇〇四年一月七日、ケンポは成都で逝去。転生者はまだ見つかっていない。

『チベット』第4版(2006年)

宗教的なコミュニティーのもつパワーを案じているのだろうか。当局は相変わらずラルン・ガルの動きには目を光らせている。入口では身分証チェックがあり、外国人は立入禁止。中国人は身分証を預けて入山する。もちろん、まわりは草原なので脇から入れてしまうかもしれないが、境内にも当局関係者はいる。必ずどこかで見られていると思って行動したほうがいい。ラルン・ガルがいつまでも修行の地として元気であり続けるために——。

3 ラルンガル紹介の功罪

本書執筆中の二〇一九年初時点で、外国人はラルンガルへの立入が禁止されている。第四版発行の二〇〇四年も同様であった。「外国人立入禁止」の記述は、秘境探訪に情熱を燃やすバックパッカーの心を大いに刺激したはずだ。心配な点は「ラルンガル潜入は俺に任せろ」と意気込む旅行者が出現することである。ここは観光地ではなくあくまでも学問と修行の場であることを忘れないでいただきたい。

長田の心中も穏やかでなかったことだろう。商業目的のガイドブックである以上、読者の心に訴える熱いスポットを紹介しなければならない。一方で、熱意あふれる旅行者が信仰の場を汚《けが》すことは、長田の望むところではない。チベットを愛するがゆえの板挟みである。

第四版の発行はラルンガルの存在を一層知らしめた点で大きな転機を迎えた。ただし、その後ラルンガル人気がすぐに沸騰しなかったのは、この時点で交通手段や宿泊等、ラルンガルに関する具体的な情報が依然として不足していたからである。そして、二〇〇八年にチベット騒乱が発生し、東チベットでは同年二月から北京五輪開催直前の七月まで、各地で大小の抗議行動が絶えなかったことも影響している。騒乱を経て、チベット社会が落ち着きを取り戻した二〇一〇年以降、ラルンガル人気は一気に火がついた。

ラルンガル入門

ラルンガルの位置

二〇一六年の夏、まるで神隠しにあったように、ラルンガルは外国人の前から突然姿を消した。その後、私のもとにも「ラルンガルの情報が欲しい」という声が次々と寄せられたが、中国政府の紅いカーテンに遮られたため、実像を読者に伝える術《すべ》はない。そこで、これまで私が見て聞いて触れてきたラルンガルの輪郭を描いてゆく。

ラルンガルの所在地は中国四川省甘孜《カンゼ》チベット族自治州色達《セルタ》県洛若《ヌプシク》鎮。図1―3（次頁）はグーグルアースからの引用である（中央上部の仏塔を基準とした位置は北緯三二度一五分三三秒、東経一〇〇度四六分九七秒）。この写真は二〇〇一年に起きた僧坊の破壊や尼僧の放逐を含む粛正事件後、つまり二〇〇二年から〇三年頃のものである（84頁「ラルンガるを襲った惨劇」参照）。南西方向に広がる尼僧居住区の撤去跡から、そう判断できる。

ラルンガルという名称

ラルンガルは略称である。「喇栄《ラルン》」は地名、「ガル」は「高僧など重要な人が住まう場所」を意味する。政府が宗教事務管理を行う際の正式名称は「ラルン寺五明《ごみょう》仏学院」であるが、本書ではラルン五明仏学院もしくはラルンガルの名称を用いる。日本で発行された旅行ガイドブックやインターネット上では、「ラルンガル・ゴンパ」（ゴンパは寺院の意）が多用されている。

ではラルンガルは寺院か、学校か。これは難問である。ラルンガルはラルン寺及び五明仏学院からなる。寺院

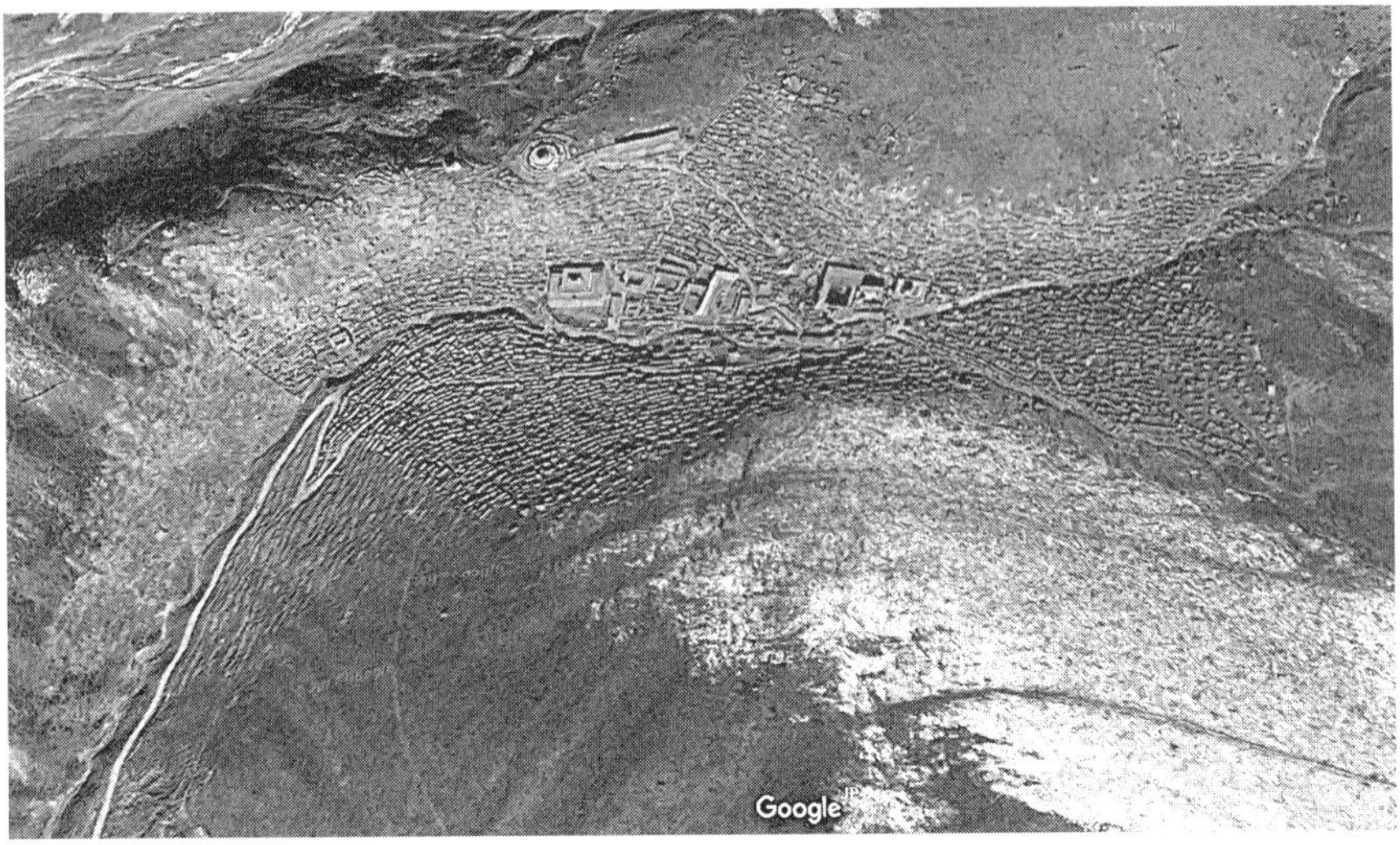

1-3　Google Earthに掲載された2002～03年頃のラルンガル

よりも仏学院の機能が重視されているため、ラルン寺ではなく「ラルン五明仏学院」の呼称が一般的である。政府の宗教事務管理上、ラルン寺が存在することは確かであるが、創建年や座主《ざす》名等は不明である。

二〇一五年にラルンガルの高僧にこの点を質問した際、「ラルン寺と五明仏学院は一体の組織であり、切り離して考えることはできない」という回答を得た[1]。だが、実体として寺と呼べるような施設があるとは言い難く、「ラルン寺」の名称はあくまで政府が便宜的につけた呼び名にすぎない。一万を超す出家者はラルン寺ではなく、五明仏学院に所属すると考えられる。ちなみに中国国内では「喇栄五明仏学院」の漢語表記が用いられている。

なお、五明とは古代のインドから伝わった学問の枠組みである。つまり工巧明《くぎょうみょう》（美術工芸、暦学）、医方明《いほうみょう》（医学）、声明《しょうみょう》（言語学）、因明《いんみょう》（論理学）、内明《ないみょう》（仏教学）という五つの分野から構成される。内明以外はいわゆる世俗の学問であるが、ラルンガルの設立認可を後押ししたパンチェン・ラマ十世（一九三八～八九）は、出家者に対して五明に通じることでチベット文化を総合的に学ぶことを求めた（58頁「パンチェン・ラマとラルンガル」参照）。

現在甘孜《カンゼ》州内にはラルンガルの他に、セルシュ寺（石渠《セルシュ》県）、タンカー寺（康定《カンディン》県）、ペープン寺、ゾンサ寺、ゾクチェン寺、テンチェン寺（以上徳格《デルゲ》県）、ペユル寺、カトク寺（以上白玉《ペユル》県）等にニンマ派やゲルク派、ボン教の仏学院が存在する。ただし学僧数はラルンガルが最多であり、他の仏学院は数十人規模だ。州内に多数の仏学院が開設された理由は、文革後の宗教復興政策の他に、一九八〇年代インドへ越境し修行を志す青年僧が増加したからであり、州政府は青年僧の不法出国対策も兼ねて各地に仏学院の開設を許可したという事情がある［甘孜蔵族自治州仏教協会2011:76］。

1-4 ジグメ・プンツォ初代学院長（『不離』表紙）

1-5　ムンツォ現学院長（『心心相応』4頁）

ラルンガルの発祥

ラルンガルのルーツは、一九八〇年にジグメ・プンツォ（一九三三～二〇〇四）が開設した「ラルン仏教講習所」である。一九八五年、色達《セルタ》県政府が講習所を認可し、一九九七年に四川省政府の承認を得て、ラルン五明仏学院が正式に認可された。その後、チベット仏教ニンマ派を中心に、チベット仏教及びチベット文化全般を教授する民間の宗教学校として発展し現在に至っている。

一九八〇年のラルン仏教講習所の開設から二〇〇四年の逝去までの期間、ジグメ・プンツォ初代学院長がラルンガルのアイコン（象徴的存在）であった。その後、姪のムンツォ（一九六六～）が二代目学院長に就任したが、体調不安もあり学院運営に十分な力を発揮できていない。したがって現在のラルンガルは、以下の高僧たちによる集団指導体制を敷いている。

現在ラルンガルの運営と教学を支えているのは、初代学院長の高弟であるケンポ・ソダジ（一九六二～）とケンポ・ツルティム・ロドゥ（一九六二～）である。二人の〝ケンポ〟（学堂長）は政府宗教管理当局との交渉、国内外

1-6　ケンポ・ソダジ

1-7　ケンポ・ツルティム・ロドゥ

1-8　テンジン・ジャンツォ・リンポチェ

での布教、漢人出家者や信徒への教育、漢語教材の作成に力を注ぎ、現在のラルンガルのアイコンとして圧倒的な存在感を放っている。

その他、テンジン・ジャンツォ・リンポチェ（一九六八～）が複数いる副学院長の一人として学院を支えてきたが、高弟の中では脇役的な位置にいる。

宗派を超えた「リメ運動」

チベット仏教にはサキャ派、カギュ派、ニンマ派、ゲルク派と呼ばれる四大宗派が存在する。これらは十一世紀頃始まった仏教復興運動の中から誕生した。現在最も規模が大きいのはダライ・ラマやパンチェン・ラマに代表されるゲルク派である。学僧ツォンカパが開いたゲルク派は、戒律を厳格に守ることを重視しており、顕教《けんきょう》（言語で説き示された教え）をしっかり修めた後に密教修行に入ることを定めている。

チベット仏教には、日本仏教とも共通する大乗の教えが多く含まれている。日本の仏教は漢訳経典に基づくが、チベット仏教はインドのサンスクリットの原典をチベット語に逐語訳したものを使用する。現在サンスクリットの経典の大半が失われているため、チベット語の経典はインド大乗仏教の系譜を遡るための貴重な文献と言える。

初代学院長ジグメ・プンツォはニンマ派の高僧であるが、ラルンガルは吐蕃《とばん》以来の古密教の行者が霊感で得た埋蔵経典（山河や岩の中に隠された仏像や巻物）を重視するニンマ派の教義を中心としつつ、五明をバランスよく習得することを目指した。四大宗派すべての学僧を受け入れ、宗派主義に縛られない柔軟な運営は現在も維持されているが、ゲルク派の学僧が在籍している可能性は低い。

ラルンガル創設の理念には、東チベットに伝わる「リメ運動」と呼ばれる超宗派運動の流れが込められている。つまり、宗派間での対立や批判をやめ、互いの伝承を尊重し守る姿勢を重んじている。ラルンガル出身の高僧シェーラ・ゾンボ（一九六三〜）は著書の中で、仏学院にはチベット仏教各宗派の僧が集っているが、互いに相手を誹謗したり軽視したりすることはないと記している［希阿栄博2012:178］。

ジグメ・プンツォ初代学院長は漢人の出家者や在家信徒の受け入れにも柔軟な姿勢を示し、リメ運動の旗をさらに高く掲げた。そしてラルンガルは超宗派の理念を基礎に、その後、民族や国家の壁をも超えた弘法《ぐほう》（布教）活動を展開し、アジアや欧米でも新たな信徒を獲得していくのである。

ラルンガルの組織構成

今や一万人を超える学僧が学ぶ巨大組織ラルンガルの仕組みはわかりづらい。かつて漢人信徒組織が運営したウェブサイト「ニンマ・インフォメーション（寧瑪資訊）」に、ラルンガルが四川省宗教事務局に提出した認可申請書（一九九八年作成）の一部が掲載された(2)。表1は申請書の中に記されたラルンガルの教学体制を簡略化したものである。

教学組織は三学科（共同文化・顕教・密教）と漢僧部より構成されている。漢僧部では漢人の出家者や在家信徒が多数学び、一九九〇年代以降、

表1　ラルンガルの概要

【学院長】ジグメ・プンツォ
【副学院長】テンジン・ジャンツォ他三名
【本部】主任、副主任、秘書、政治宣伝員
【教務課】課長、副課長、各学科主任、各部長
　共同文化学科（語言部・歴史部・小五明部）
　顕教学科（中観部・倶舎部・因明部・戒律部・智慧度部）
　密宗学科（加行部・続部部・竅訣部）
　漢僧部
【事務局】局長、副局長
　財務会計課、医務課、庶務課、安全管理課

主に先述の高弟ケンポ・ソダジが責任者として指導にあたった。共同文化学科は仏教学を含むチベット文化全般を学ぶことを目的としている。顕教学科は論理的に仏教教理を学ぶチベット仏教ゲルク派の学問様式を応用している。密教学科は洞窟や湖から発掘された埋蔵経典を重視するチベット仏教ニンマ派の学問を重視している。

申請書類上は三学科構成となっているが、実際は各学科に分かれて教育が行われているわけではなく、教学内容はケンポやラマと呼ばれる師僧の裁量に委ねられている。したがって、ラルンガルは各師僧が主宰する私塾の集合体と見なすことができる。誰を師僧とするかは、主に学僧の出身寺院や紹介者からの依頼によって決まるが、学僧が自ら師僧に入門を申し出ることもある。

学制

正規生の在学期間は六年、一般にケンポの学位取得には十三年を要する。入学時の学力が一定の水準に達しない場合は、先に予備班に編入しなければならない。定められた課程を終了し、試験に合格した者には卒業証書が与えられる。更に論文と口頭試問に合格した者には、学堂長やチベット仏教学博士に相当するケンポの学位が与えられる。

必要に応じて一、二ヵ月、もしくは一、二年の短期研修も実施する。研修修了者には修了証書が与えられる。ただし、ラルンガルへの入学に際して特別な条件はなく、師僧の許可があれば入学可能だ。在籍年数も学則に縛られることはなく、学僧個人の情況に合わせて自由に設定することができる。

ケンポの学位を取得した者は、所属寺院に戻り、学問を伝授し地域を指導する重要な役割を担う。東チベットの出家者にとって、ラルンガルで学問を修めたという経歴は、一種のステータスと見なされている。

学僧のうちわけ

学僧の総数は非公表であるが、在家信徒を中心とした短期滞在者も含めると一万人を超すと思われる。構成員の約九十パーセントは出家者、つまり僧と尼僧である。出家者はチベット人が約九十パーセントを占め（主に四川省や青海省から）、モンゴル人（主に内モンゴル自治区から）、漢人（中国各地から）、華人（主に香港や台湾から）の合計が約十パーセントと言われている。

学僧の中には、トゥルクと呼ばれる〝化身ラマ〟も含まれている。化身ラマとは、すべての人々が悟り救われるまで、如来《にょらい》や菩薩《ぼさつ》の化身として生まれかわって救済を続け、この世に姿を現す師僧である。ただし、学僧としてラルンガルに籍を置く化身ラマは、ダライ・ラマやパンチェン・ラマといった大きな名跡《みょうせき》ではなく、小規模寺院出身の名もなき師僧が多いと言われている。僧と尼僧の割合は概ね四対六であり、尼僧の中には家計の負担を軽くする目的で出家したため、経済的な問題を抱える者も少なくない。僧の居住区は東側、尼僧の居住区は西側にあり、僧が尼僧の居住区に、尼僧が僧の居住区に立ち入ることは許されない。

出家者以外の残り約十パーセントは俗人、つまり在家信徒であり、その多くは漢人である。ラルンガルで学ぶ漢人の数は一九九〇年代半ば以降、徐々に増加傾向にある。中国政府は、ラルンガルの規模が拡大し、信仰を持つ漢人がラルンガルで修行することを警戒してきた。

僧と尼僧の居住区を分ける一帯、つまり中心部は在家信徒の居住地、ラルンガルの本部、そして商業地からなる。商業地には食堂や果物、野菜、雑貨、燃料、スマートフォンを扱う商店が並んでおり、商人の中には信仰をもつ漢人も含まれている。

色達《セルタ》県公安局と宗教事務局は、ラルンガルの学僧を短期滞在者と見なしている。つまり、学僧はラルン寺に在籍するのではなく、あくまでラルン五明仏学院に所属する学生であるため、ラルンガルは「一万人を超す巨大な仏教学校」という表現が正しいのである。

ラルンガル現象

概ね二〇一〇年以降、インターネット上でチベットや秘境探訪に関心を寄せる人々の間で、「ラルンガル」という

時期	対象者	年齢層	滞在期間	チベット仏教の信仰
Ⓐ1990年代〜現在	主に漢人（一部華人も含む）	若者と中年世代が中心	数週間/数ヵ月/数年（各人各様）	信仰あり（在家/出家）
Ⓑ2010年頃〜現在	漢人/華人/外国人	若者が中心	1日〜3日程度	関心はあるが信仰なし

言葉が頻繁に登場するようになった。「秘境ラルンガルへ行ってきた」「外国人は入れるのか」「高山病対策を教えてほしい」「撮影スポットはどこがベストなのか」「鳥葬は撮影可能か」など。これらの情報・質問の多くは、個人のブログや旅行記投稿サイトへの書き込みが中心であり、大半は海外の辺境を旅する個人が発信したものである。

中国や台湾でも同様の現象が確認され、各種SNS（Social Networking Service）を利用した情報交換が盛んに行われている。私は日本・中国・台湾・香港を中心とした東アジアで、ラルンガルに興味を持ち、実際にラルンガルを目指す者達の行動とその潮流を「ラルンガル現象」と呼んでいる。

チベット仏教を信仰する中国在住のチベット人やモンゴル人が、聖地ラルンガルで学んだり短期訪問したりすることは、自然な行為である。ただし本書が主に紹介するラルンガル現象の対象者は、全民信教という特徴を持つチベット人ではなく、主に漢人と私たち日本人である。これまでラルンガルを訪問した日本人の多くは、必ずしも仏教に興味があるとは限らない。

そこで私は、ラルンガル現象を次の二つのグループに分けて考えた（上表）。

Ⓐグループは主にチベット仏教に関心を持つ中国在住の漢人であり、ラルンガルで出家した者も含まれている。漢人信徒の数は年々増加傾向にあるが、私の知る限りでは、このグループに日本人は含まれていない。

Ⓑグループはインターネットやガイドブックの情報を通じてラルンガルを知った若者や中年世代である。滞在期間が短く、端的に言えば秘境探訪や異文化体験が目的である。中国・台湾・香港の個人旅行者が中心であり、日本人を筆頭に韓国やタイ、シンガポールなどアジアの若者の姿も目立ち始めている。

長田幸康がラルンガル初体験で目撃した漢人信徒はⒶグループに属している。そして長田自身はⒷグループの先駆け的存在と言える。現在のラルンガルは「チベット仏教の信仰者」にとっても、「チベット仏教を信仰しない観光客、バックパッカーやカメラマン」にとっても聖なる地である。一九九〇年代の初めにⒶグループによるラルンガル現象が始まって、すでに四半世紀が経過した。

ラルンガルという、東チベットでは他に類を見ない大規模な宗教学校は、いつどのような経緯で誕生し、発展を遂げたのか。そして信仰を持たない日本や中国の若者がなぜ仏教の聖域を目指すのか。そして、今後ラルンガルはどのような方向に進むのであろうか。

「師僧の存在こそラルンガルの財産」

チベット仏教にとって最も重要な存在は師僧である。もちろん出家者は各種経典から多くの知識を得ることは可能であるが、その教えをかみ砕いて弟子に伝えるのが師僧の役割である。同じ宗派であっても、師僧が異なれば教義の解釈に若干の違いが生じることもあると言う。

私がラルンガルに魅せられて、二〇〇一年以降何度も通い続けた理由の一つは、ラルンガルの学僧が各師僧に強い信頼を寄せていることを実感したからだ。その信頼は、尊敬する師僧が常に自分の身近にいることから得られる安心感でもある。

二〇〇一年にラルンガルのあるチベット僧は、「ジグメ・プンツォ学院長は海外亡命の道を選ばなかった。私たちはチベットに留まった学院長に最大限の敬意を払っている。仏教がもつ様々な智恵は、師僧の口から直接弟子に伝えられてこそ活きてくるからだ。日々学僧を教え導く師僧の存在こそがラルンガルの財産である」と言い切った。色達《セルタ》の民衆も「ジグメ・プンツォがラルンガルから我々を見守って下さることが最高の幸せだ」と語っていた。私は海外に亡命した高僧たちの是非を云々《うんぬん》するつもりはないが、師僧を失った弟子の悲しみは察するに余り有る。ラルンガルでは、亡命僧を英雄視する考えは弱いと感じる。

二〇〇一年に私は、破壊された多数の尼僧坊を目撃して愕然《がくぜん》とした。しかし、その時ラルンガル構内で出会った学僧たちに憂いの表情が見られないことを不思議に感じた。公権力という〝魔物〟の存在に不安を抱きながらも、師僧の講義を熱心に聴く学僧の姿に心を打たれた。二〇〇四年一月のジグメ・プンツォ学院長逝去後、ラルンガルはケンポ・ソダジとケンポ・ツルティム・ロドゥという二人の高弟を大黒柱に据え、ラルンガルを存続させるために政府の宗教管理当局と協議を継続し、公権力に対してむやみに拳を振り上げなかった。そして東チベットにしっかりと根を張り、宗派の枠を超えて学僧を受け入れ、漢人の信仰者とも向き合うラルンガルの高僧の堂々とした姿に大きな魅力を感じた。

そして、チベット自治区のラサではなく、四川省の奥地に存在するラルンガルという宗教コミュニティーの謎を少しでも解き明かしたいという思いに駆られて、定点観測を行うことを心に決めたのである。

ラルンガル研究の難しさ

研究の視点から見れば、ラルンガルは中国における政治と宗教の関係を色濃く反映した舞台である。一九九七年に四川省政府が正式に学院の成立を認可した後も、中国国内の公的研究機関に所属する研究者が、ラルンガルにおける政教関係を対象とした研究を行い、論文を公表することは不可能であった。

例えば二〇〇〇年から二〇〇一年に発生した粛正事件（宗教施設や僧坊の撤去、高僧の身柄拘束、尼僧の放逐、宗教活動の制限）を、中国国内で信教の自由や基本的人権の視点から論じることはできない。「チベット人居住地区における宗教政策」という研究テーマは、中国国内では政治的に〝敏感〟な研究課題と考えられており、党と政府の指導下で慎重に行うことが求められる。軍事面の内容を含む場合は、中国人民解放軍との連携も必要となる。それゆえ、ラルンガルが抱える問題点、矛盾点、宗教統制等に関する調査や研究を公正な視点で行うことができるのは外国人研究者のみと言える。

ただし、ラルンガルにおける漢人僧のチベット仏教信仰の動向に関する研究成果（李晋2006、李晋2010）は中国国内でも確認できる。その他、すでに欧米や台湾の研究者がラルンガルの動向に着目しており、一九九〇年代の現地調査（Goldstein and Kapstein1998）、建築学の分野からの研究（黄瑞国2017）、台湾人信徒の巡礼紀行（翁林澄・達娃拉姆2016）が出ている。

日本国内ではラルンガルに注目する研究者はいるが、資料不足や現地調査への制約という問題があるため、まとまった研究成果は少ない。

(1) 二〇一五年十一月十一日、ケンポ・ソダジの訪日記念座談会が東京大学東洋文化研究所で開催された時に確認した。

(2) 「色達県喇栄寺五明仏学院簡介」。http://www.nmzx.com/nmcl/wmfx.htm（二〇〇三年九月十日閲覧）

第2章　ラルンガルの誕生

＊ジグメ・プンツォ初代学院長（『心中燃起的時代明灯』36頁）

ラルンガルの創設者

〝法王〟ジグメ・プンツォの生い立ち

「ここは法王様が開いた聖地だ」と漢人信徒の男がつぶやいた（9頁「はじめに」参照）。男が言う法王はダライ・ラマ十四世ではない。ラルンガルの〝法王〟とは、前章でも触れたジグメ・プンツォというニンマ派の高僧である。

私が三十年近く東チベット各地を歩いて感じたことの一つは、宗派に関係なく出家者がジグメ・プンツォに尊敬の念を抱いていることだ。そして、町の商店や車のフロントガラスには、法王の肖像写真がよく飾られている。チベット人は高僧の写真を身につけていると、「仏の加護が得られ災禍を避けられる」と言う。

逝去から十数年を経た今も、東チベットではラルンガルの法王への信頼が揺るがない。民衆は口々に「ケンポは説法の達人だ」、「毎日二時間しか眠らない」、「真冬でも裸足だ」、「いつも猫を抱いている」と、愛着たっぷりに語ってくれた。

私は長年の調査で、多くの高僧に謁見してきたが、ジグメ・プンツォに対面できなかったことは今も心残りだ。やはり、一九九七年に「重慶から来た男」（22頁「重慶の男」参照）とラルンガルへ向かうべきであった。後悔することしきりである。

ジグメ・プンツォは一九三三年に現在の青海省班瑪《ペマ》県に生を受けた。母親の胎内から出た直後に、文殊菩薩《もんじゅぼさつ》の真言《しんごん》を七回唱えたと伝えられている。この奇談を耳にした近隣の者が僧に相談したところ、「この子はまちがいなく、ある高僧の化身ラマだ。ただし、このことはくれぐれも内緒に」と語ったという。

この逸話はケンポ・ソダジ著『法王晋美彭措伝（法王ジグメ・プンツォ伝）』［索達吉（2001）:16、以下『法王伝』］の中に記されている。チベット仏教の高僧に限らず、宗教者の伝記に超人的な能力が描かれることは珍しくない。残念なことにジグメ・プンツォの前半生に関する記録が少なく、化身ラマ選定の詳細は神秘のベールに包まれており、現在その実像を探ることは困難である。

著者のケンポ・ソダジは、長年ラルンガルでジグメ・プンツォの秘書役を務めた高弟である。法王から直接耳にしたさまざまな体験が伝記の中に織り込まれており、『法王伝』は現在最も詳細な伝記であるといえる。高弟が記した師僧の伝記を、学僧や信徒たちは「真実」と受けとめている。

『法王伝』が漢語の簡体字で書かれていることから、想定される読者はラルンガルに関心を寄せる漢人信徒である。中国政府が認可した公式出版物ではなく、内部流通本であるが、政府から問題視された形跡はない。一般の書店で販売されたものではなく、ラルンガル本部が漢人信徒組織と協力し、印刷・配布したと思われる。

2-1 『法王ジグメ・プンツォ伝』（『法王晋美彭措伝』）表紙

レーラプ・リンパの"化身ラマ"として

出生時に僧が得た予感はその後的中し、ジグメ・プンツォはレーラプ・リンパ（一八五六〜一九二六、現在の四川省新龍《ニャロン》県出身）の化身ラマであると認定されたが、認定されるに至る経緯等、詳細は書かれていない。『法王伝』はレーラプ・リンパが逝去間際に、「次の化身ラマがヌプシク寺で仏教を広める」という啓示を残したと書いている［法王伝：111］。ヌプシク寺は現在のラルンガルの南数キロメートルに位置しており、ジグメ・プンツォが若い頃に住持《じゅうじ》を務めていた所である。

2-2　ニンマ派の高僧レーラプ・リンパ
（『心中燃起的時代明灯』12頁）

チベット仏教には、高僧の死後お告げや占い、遺品の識別等を頼りに幼児を探し出し、高僧の地位を継承させて英才教育を行い、宗派や僧院のシステムを維持する制度がある。この制度を最初に採用したのは、十三世紀のカルマ・カギュ派であり、その後他の宗派もこの制度を採用した。一部の読者はダライ・ラマ、パンチェン・ラマ、カルマパといった化身ラマの名跡をご存じであろう。化身ラマはチベット語で「トゥルク」と言う。漢語では「活仏」と表記されることが多いが、漢語の「活仏」は転生しない高僧も含むため、曖昧《あいまい》さを含んでいる。

レーラプ・リンパを語る上で欠かせないのが、先代のダライ・ラマ十三世（一八七六〜一九三三）の存在である。かつてダライ・ラマはレーラプ・リンパをラサに招いたことがある。その時、レーラプ・リンパはダライ・ラマに灌頂《かんじょう》を授け、ニンマの奥義を伝授したと伝えられている［法王伝:10］（64頁「ジグメ・プンツォ、念願のインド訪問」参照）。

ニンマ派の埋蔵経（テルマ）

ジグメ・プンツォの前世にあたるレーラプ・リンパもニンマ派の高僧である。八世紀にチベットに密教をもたらしたニンマ派の開祖パドマサンバヴァ（蓮華生）は、チベット各地で弟子たちに経典を主とした教義を授けた後、読心術、千里眼、神通力等の秘法を伝授し、その教えを仏像や巻物の形で岩石、湖沼に隠したという。そして彼は将来自分の弟子が生まれ変わり、隠した教えを取り出して、その教えで多くの者を救済するだろうと予言した。隠された教えはテルマ（埋蔵経）、啓示を受けて教えを「発掘」した者はテルトン（埋蔵経発掘者）と呼ばれており、ジグメ・プンツォもレーラプ・リンパもニンマ派を代表する著名なテルトンである。

埋蔵経の種類は多数あり、「チベット死者の書」と呼ばれる有名なニンマ派経典もその一つである。ただし、これらは指導者の主観と神秘性に基づく「偽りの教義」であるという批判が一部にあることも確かだ。そのため、歴代ダライ・ラマが属する最大宗派のゲルク派やサキャ派、カギュ派は、埋蔵経に否定的な態度をとっている。

共産党の軍隊が色達《セルタ》を通過

ジグメ・プンツォの生年である一九三三年は、民国二十二年にあたる。当時は中華人民共和国（一九四九年成立）ではなく中華民国の時代であった。一九三〇年代は中国国民党と中国共産党が激しい内戦を繰り広げていた時期であり、東チベット各地で両党の軍隊が衝突を繰り返していた。

中国共産党がチベット人とチベット仏教に出会ったのは「長征」の途上である。国民党との戦いの中で、劣勢の共産党は臨時政府のあった江西ソビエト区を放棄し、八万数千人の部隊を率いて西方への敗走を余儀なくされた。共産党の各部隊はチベット地区で寒冷な気候、餓え、そして言葉の通じない異民族と格闘し、先の見通せない行軍に疲弊していった。こうした恐怖のチベット体験は、毛沢東をはじめとする共産党幹部にとって大きなトラウマとなって残ったに相違ない。

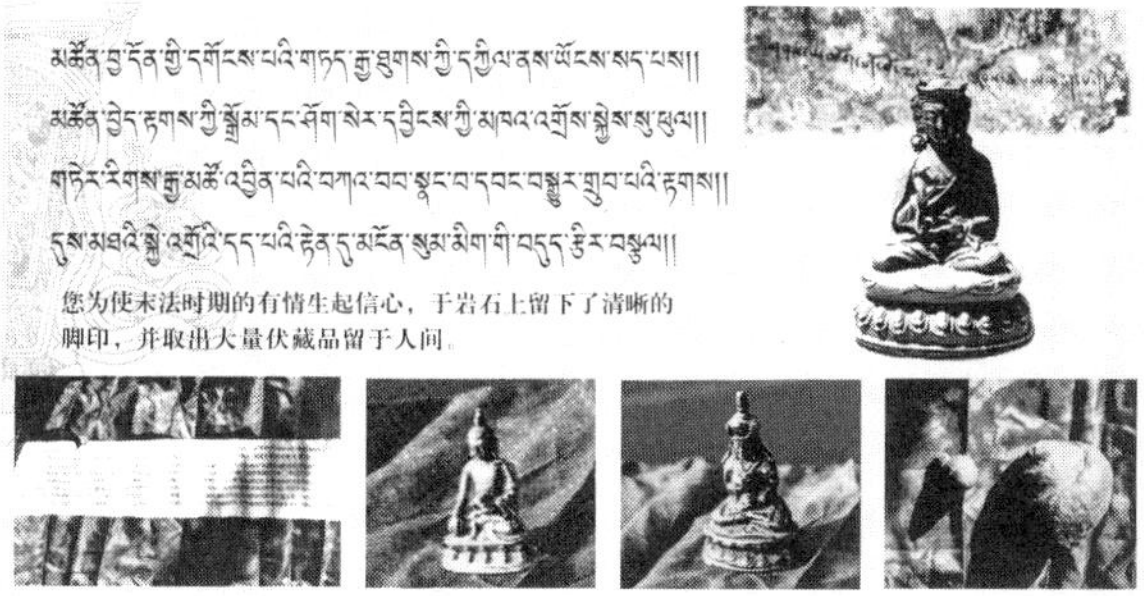

2-3　ジグメ・プンツォが岩山から取り出したとされる経典や仏像の一部（『心中燃起的時代明灯』79頁）

政府系資料『色達《セルタ》県志』には、一九三六年の六月から八月の間に、紅二方面軍と紅四方面軍の一部の部隊がラルンガルの位置する洛若《ヌブシク》付近を通過し、青海省の班瑪《ペマ》や四川省の阿壩《アバ》方面へ向かったと記されている［四川省色達県志編纂委員会1997:2］。

十四歳で出家しチャンマ寺仏学院へ

きな臭い気配が漂う中、ジグメ・プンツォは六歳で文字を習い始め、十四

2-4　ジグメ・プンツォが少年時代に修行したチャンマ寺仏学院（2017年8月筆者撮影）

歳の時に出家した。少年がチベット語及び各種経典の基礎を習得することは苦労の連続であった。

彼は十六歳の時に中華人民共和国の成立を迎えた後、十八歳で大きな転機を迎えた。チャンマ寺仏学院（四川省石渠《セルシュ》県）で、複数の師僧から直接指導を受け、ニンマ派の密教秘法である「大圓満法」の奥義修得に没頭する機会を得たのである［法王伝38-40］。チャンマ寺仏学院は、かつてニンマ派の開祖パドマサンバヴァが加持祈祷を行った場所であり、多くのニンマ派高僧を輩出してきた。

私は二〇一七年にここを訪問し、ツゥドン・ドジェ学院長（一九六八〜）から「ここはラルンガルの源流であり、宗派を超えて修行者を受け入れている。ジグメ・プンツォ学院長の指示でチャンマ寺仏学院を預かっている」との話を聞いた。ラルンガルと異なる点は、成人の学僧の他に、政府が原則出家を認めていない十代の少年僧が約五十人も在籍し、修行に励んでいることだ。ラルンガルの学僧にとって、かつてジグメ・プンツォが学んだチャンマ寺仏学院は母なる寺である。夏にはジグメ・プンツォの足跡を求めて、熱心な漢人信徒がここに集う。

六年間に及ぶチャンマ寺仏学院での苦行は、ジグメ・プンツォを大きく成長させ、一九五七年二十四歳の時に先代の予言どおり、彼は色達《セルタ》のヌプシク寺で住持となった。ちょうどその頃、中国共産党は政治闘争の時代へと突入し、ジグメ・プンツォは大きな苦難の時を迎えた。

「民主改革」と銃弾

苦難の原因は、一九五〇年代から七〇年代に行われた民主改革とプロレタリア文化大革命（以下文化大革命、文革）という政治動乱であった。多くの宗教者が公安の監視下に置かれ、罵声を浴び、時には銃弾が飛び交う中、ジグメ・プンツォは幸い命を落とすことなく混乱の二十年間を生きのびることができた。

ここで言う民主改革とは、四川省内の民族地区を対象に一九五六年に始まった、土地改革を中心とした特権剥奪の闘争を指している。具体的には土司《どし》や土豪、寺院などが所有していた土地、政治、経済、宗教、司法などの権限を中国共産党と人民政府に移管することである。土司とは、元から清にかけて中国西南部の非漢人地域に存在した官職名であり、東チベットでは徳格印経院《デルゲパルカン》（チベットを代表する経典印刷所）を運営した徳格《デルゲ》土司の名が知られている。歴代王朝は各地の土豪を土司に任命して統治権を与えることで、広大な非漢人地域を間接的に支配したのである。

四川省内では、甘孜《カンゼ》州と涼山《りょうざん》彝《イ》族自治州での改革の動向が注目され、毛沢東や周恩来が直接指示を出すこともあった。共産党の強硬姿勢は各地で抵抗にあい、多くの犠牲者を伴う武闘へと発展した。土豪たちは農民兵を総動員して銃刀や弓矢、槍を用いた命がけの抵抗運動を展開したと伝えられている。

次々と寺院が破壊される中、たまりかねた僧たちも武闘に参加し、事態は更に深刻化していった。混乱が続く中、ジグメ・プンツォは武器を握らず、山中に身を隠して銃弾を避けたという［法王伝57-59］。

2-5　文化大革命前夜、32歳のジグメ・プンツォ（1965年、『法王晋美彭措伝』60頁）

文化大革命のスローガン「四旧打破」

東チベットは民主改革に続き文化大革命という悪夢にも襲われた。文化大革命とは、一九六六年から十年間にわたって繰り広げられた狂乱的な政治運動である。中国共産党内部の権力闘争と党内闘争の大衆運動化という二重の性格を持っていた。

主要なスローガンの一つ「四旧打破」（旧思想、旧文化、旧風俗、旧習慣を打ち壊せ）は、宗教活動の停止と宗教施設の破壊という狂乱的な状況を生み出し、大衆運動の中で誕生した紅衛《こうえい》兵は仏教寺院、イスラームのモスク、キリスト教会等を容赦なく破壊した。ただし、東チベットの仏教寺院の大半は文革以前の一九五〇年代の民主改革期に壊滅的な被害を受けたと言われている。

チベット人居住地区における文化大革命関連の資料は、長らく中国共産党によって封印されてきたが、二〇〇六年に台湾で出版された写真集『殺劫《シャーチェ》』［唯色2006］が、チベットの文革を白日の下にさらし世界を驚かせた。『殺劫』に収められた写真は中国人民解放軍幹部のツェリン・ドルジェが主にチベット自治区ラサで撮影したものである。伝統文化の打破やダライ・ラマ批判のスローガンを掲げた紅衛兵、高僧を糾弾する民衆の姿が活写されている。ただし、東チベットで展開された民主改革と文化大革命の惨劇を伝える写真は、今も未公開のままだ。

ケサル大王の法力で危機を脱出

「四旧打破」のスローガンが叫ばれる中、色達《セルタ》でも僧侶批判大会が連日開かれ、次々と投獄された。そして三宝（仏・法・僧）の否定を迫られ、それを拒否した八百名を超す僧が袈裟《けさ》を脱ぎ一般人に戻ることを余儀なくされた。いよいよジグメ・プンツォの批判大会を明日に控えた夜、彼は祈祷の力で顔面を腫《は》らして紅衛兵を怖がらせた。その結果、紅衛兵の頭目は災いが降りかかるのを恐れ、「即座に郷里へ送り返せ」と命じた。ジグメ・プンツォはこの方法で、幾度となく危機を乗り越えていったという。

2-6　映画「ケサル大王」（2011年制作、（大谷寿一氏より提供）

彼の妖術を支えたのは、チベットの英雄ケサル大王の護身符である［法王伝60-62］。ケサルは東チベットに伝わる口承叙事詩「ケサル王伝」の主人公であり、物語に出てくる東チベットのリン王国を治め、戦乱の時代に超人的な力で強きをくじき弱きを助けた正義の味方だ。ケサルの話はモンゴルやブータン等チベット仏教圏に広く伝わっているが、実在の武将か伝説上の人物か、という議論は今も続いている。ジグメ・プンツォがケサルの神通力を用いたエピソードは、今も色達《セルタ》の人々の間で語り継がれている。

図2－6はドキュメンタリー映画「ケサル大王」（監督：大谷寿一、制作：二〇一一年、劇場公開：二〇一三年）のフライヤーである。大谷監督は七年の歳月を費やして、四川省や青海省の高地でケサルの舞台を取材し、語り部を訪ね歩いて映画を完成させた。東チベットに伝わる英雄伝の魅力を現地の信仰と自然をからめて描いた力作であり、ラルンガルに興味を持つ読者にぜひ鑑賞をすすめる。

私は二〇一六年に大阪のチベット料理店で上映された「ケサル大王」と「まだまだあるケサル大王」（試作版）を鑑賞した。当日、大谷監督の解説を聞きながら、ケサル誕生の地である東チベットの醍醐味は冬にこそあると感じた。チベット人がもつ慈しみの心を、私は映画の冬の映像の醸し出す美しさから感じたからだ。なお、「まだまだあるケサル大王」には大谷監督が二〇一〇年に取材したラルンガルの映像が収録されている。

小さな講習所から学院へ

私塾からのスタート

ラルンガルの歴史は浅く、そのルーツはジグメ・プンツォが一九八〇年に色達《セルタ》県洛若《ヌプシク》村の谷間に開設した「ラルン仏教講習所」にある。当初は学僧の数もまだ少なく、ラルンの谷間にバラックとテントを建てて僧坊とし、野外で講義が行われていた。言わばジグメ・プンツォの私塾であった。ラルン仏教講習所は正式名称ではなく、インターネット上に掲載された漢語資料をもとに私が便宜上付けたものである。(1)

そもそもラルンの谷は約百年前にニンマ派の高僧ドゥジョム一世が道場を開いた場所である。百余りの修行小

2-7　1980年代、仏教講習所開設当初のラルンガル（『浴火重生――西蔵五明仏学院盛衰実録』口絵）

屋が建ち、最終的に十三名の弟子に密教の奥義を伝授したという。ジグメ・プンツォはその伝承を踏まえ、将来ラルンに仏学院を築く構想を一九六〇年代から描いていたという［法王伝83］。『法王伝』の表現を借りれば、切り立った深い谷を特徴とするラルンの地形は、不思議な聖性を宿し、人を引きつけてやまない魅力に満ちている。

一九八〇年の講習所開設時の学僧数は十数名とも三十名程度とも伝えられており、八〇年代の発展の過程を記した文献はまだ見つかっていない。九〇年代のラルンガルの様子を知る手掛かりとなるのは、漢人信徒が残した手記と写真である。

講習所開設の噂はしだいに広まり、ジグメ・プンツォを慕って東チベット一帯からニンマ派以外の僧も集まり始めた。色達《セルタ》の民衆は今も「神通力を持ち、人を魅了する磁力が桁違いだ」「亡命せずチベット本土に留まってくれた」と誉め称える。学僧は近隣住民の手を借りて僧坊と経堂を建て、修行と学問の場を築き上げていった。そして、開設から五年後の一九八五年五月十九日に、色達《セルタ》県政府は講習所を正式に認可した。

鄧小平の宗教復興政策

文化大革命終息から三年後の一九八〇年十月十日にラルン仏教講習所が誕生して以降、順調に規模の拡大を続けた理由の一つは、鄧小平《とうしょうへい》が主導した宗教復興政策という追い風であった。

鄧小平は現在の四川省広安市で地主の家に生まれ、長征に参加し党幹部の地位を手にしたが、中華人民共和国建国後は毛沢東と反りが合わず、政敵と見なされ不遇の時代が長かった。しかし、見事に復活した鄧小平は、「十九号文件」（中共中央一九八二年十九号文件）と呼ばれる「脱文革宗教政策」を打ち出し、宗教復興の扉を開いた。

中国共産党の宗教に対する立場は、あくまで「宗教は将来的に消滅する」という考えである（マルクス主義宗教観）。しかし「十九号文件」は、宗教が社会主義の中国に適応する範囲内で、「活動の自由が許され、公民が信教の自由を持つ」ことを認めた（マルクス主義宗教観の中国化）。「中国化」とは、党や政府が「宗教が活動する枠組み」を設け、その枠組みの中で「宗教が与えられた役割を果たす」ことと言い換えることもできる。とりわけ「十九号文件」の第六章は、仏教寺院、イスラームのモスク、キリスト教教会等の施設再建と宗教活動の再開を支援する内容であり、ラルンガルの創設を後押しする役割も果たした。

色達《セルタ》県を管轄する甘孜《カンゼ》州の共産党委員会は「十九号文件」の通達を受けて、「二十六寺院の開放」とマニ堂・仏塔・経堂など「簡易宗教活動拠点の新設」を決定し、地域に根ざした信仰の場を確保することを目指した［中共甘孜州委党史研究室2004:91］。

2-8　毛沢東時代に別れを告げ、改革開放の流れを作った鄧小平

2-9　チベット工作座談会で熱弁を振るう胡耀邦（1984年、『経略西藏——新中国西藏工作六〇年』240頁）

穏健派政治家・胡耀邦の時代

「十九号文件」の通達から二年後の一九八四年、鄧小平の意向を受け、胡耀邦《こようほう》総書記（一九一五～八九）が北京で第二回チベット工作座談会を主宰した。(2) この座談会は共産党がチベット政策の方針を決定す

る場であり、宗教政策にも反映される重要な会議である。胡耀邦はチベットの現状としっかり向き合う姿勢をもつ稀有《けう》な政治家であり、チベット社会に一時の「自由な空気」をもたらした。

胡耀邦はこの座談会で、チベットがもつ四つの特殊性「地理的条件、過去の社会背景、チベット人の集住、全民信教」を再認識した後、「一九八〇年代末までに約二百の寺院の活動を回復させ、簡易な宗教活動地点の設置を認める」ことを決定した。ただし、鄧小平の宗教復興政策は、既存の宗教施設を再建することであり、新たな寺院や教会の新設を認めたわけではなかった。

ラルンガルのルーツであるラルン仏教講習所は寺院ではなく、あくまでも私塾の延長線上に位置していたため、「簡易な宗教活動地点の設置認可」という座談会の決定に合致したと考えられる。色達《セルタ》県政府が一九八五年に講習所の創設を正式に認可したのには、右のような経緯があったのである。

(1)「色達県喇栄寺五明仏学院簡介」。http://www.nmzx.com/nmcl/wmfx.htm（二〇〇三年九月十日閲覧）「聖者法王如意宝晋美彭措勇列吉祥賢略伝」。http://buddha.nease.net/browse/zhuanji/fawang.htm（二〇〇三年九月十日閲覧）

(2) 一九八四年二月二十七日から三月二十八日まで開催。胡耀邦が七回講話を実施。座談会の成果は「中共中央一九八四年六号文件」として四月一日に公表［中共中央1984:358:369］。

パンチェン・ラマとラルンガル

パンチェン・ラマ十世の甘孜《カンゼ》州訪問

胡耀邦主宰の第二回チベット工作座談会開催から二年後の一九八六年、ラルンガルにパンチェン・ラマ十世（一九三八～八九）来訪という吉報が届けられた。この時、パンチェン・ラマに四川省甘孜《カンゼ》州の視察を要請したのは、あの鄧小平であった。

その目的は東チベットの安定、民族の団結、宗教の復興、経済活動の促進、現地情勢の把握等である。甘孜《カンゼ》州は一九五〇年代に土地改革を柱とする民主改革が実施され、現地の首領や僧が共産党の治安部隊と激しい武闘を繰り広げた地域である。その結果、民衆や僧の多数が命を落とし、寺院や民家が破壊され、田畑や家畜が没収された。この地域の主たる産業は宗教と牧畜であるため、民主改革が現地の信仰と生産手段に与えた精神的な打撃と経済的な損害は計り知れない。それだけに、パンチェン・ラマ訪問の知らせは、疲弊した甘孜《カンゼ》州に希望の灯りをともした。

写真資料集『班禅大師在四川蔵区（四川チベット地区におけるパンチェン・ラマ）』［扎西沢仁（1989）］には、当時の貴重な写真が多数収められている。[1] この視察の最大の成果は、ジグメ・プンツォとの宗派を超えた交流とラルンガル認可への支援であった。

パンチェン・ラマ十世は、チベット仏教の最大宗派ゲルク派の化身ラマであり、ダライ・ラマ十四世の亡命後も中国に留まった。そして、中国共産党の宗教懐柔政策への対応として「愛国的宗教指導者」という役割を演じたが、一九六二年に中国共産党のチベット政策を批判する「七万言上書」を国務院に提出したことにより、投獄という憂《う》き目にあった。文革終結後に名誉回復がなされ、北京に居住し中央とチベット地区の橋渡し役を任されると、全国人民代表大会（日本の国会に相当）常務委員会副委員長、中国人民政治協商会議（党と政府の政策に助言を行う組織）全国委員会副主席、中国仏教協会（政府と連携した愛国的宗教組織）名誉会長、中国チベット語系高級仏学院院長等の要職を歴任した。

〝超宗派〟の学院へ

政府系資料『色達《セルタ》県志』によると、パンチェン・ラマは全国人民代表大会常務委員会副委員長の立場で、一九八

2-10　色達の大仏塔前で民衆の歓迎を受けるパンチェン・ラマ10世（1986年、『班禅大師在四川蔵区』87頁）

六年八月十四日から十六日まで色達《セルタ》県に滞在した［四川省色達県志編纂委員会1997:31］。百三十人の一行が、経済活動と民族宗教活動を視察後、パンチェン・ラマは講話を行い、宗教行事を執り行った。

図2－10は色達《セルタ》県色柯《セルコク》鎮郊外にある大仏塔前の写真である。高さ五十メートルの仏塔は、色達《セルタ》の有力者が一九一三年に除災招福を願って建てたものだ。私が二〇〇一年に訪問した際、仏塔前にパンチェン・ラマ十世訪問記念碑が設置されていた。

パンチェン・ラマは色達《セルタ》滞在中にラルン仏教講習所を訪問し、ジグメ・プンツォとの面会を果たした。学僧達は、政治の大混乱の中で還俗《げんぞく》を命じられた後もチベット仏教徒の精神的支柱でもあり続けたパンチェン・ラマの訪問を大歓迎した。

この時パンチェン・ラマは、甘孜《カンゼ》州内の道孚《タウ》や炉霍《ダンゴ》から来た他宗派の僧がニンマ派のジグメ・プンツォから指導を受ける姿を見て、講習所が東チベットの宗教復興に大きな役割を果たすことを確信し、ジグメ・プンツォに最大限の支援を約束した。

翌一九八七年、ジグメ・プンツォが北京に招かれた際、パンチェン・ラマは講習所の名称をラルン五明仏学院に改めることを提案し、色達《セルタ》県政府に支援要請の書簡を送った。パンチェン・ラマは学僧がラルンガルで仏教学のみならず、美術工芸、暦学、医学、言語学、論理学などチベット文化を総合的に学ぶことを求めたのである。

こうしてジグメ・プンツォはニンマ派の教義を中心としつつ、五明をバランスよく習得する教学方針を立てた。四大宗派（サキャ派、カギュ派、ニンマ派、ゲルク派）すべての学僧及び漢人僧を受け入れる方針は、東チベットに伝わる「リメ運動」という超宗派運動の流れを教学方針にとり入れたものである。

パンチェン・ラマの仏学院設立要請から六年後の一九九三年、中国仏教協会会長の趙樸初《ちょうぼくしょ》（一九〇七～二〇〇〇）が

2-11　ラルンガルを訪問し、ジグメ・プンツォと交流するパンチェン・ラマ10世（後列中央、1986年、『浴火重生—西蔵五明仏学院盛衰実録』口絵）

2-12　1987年北京にてパンチェン・ラマ10世（左）が「ラルン五明仏学院」と命名（『法王晋美彭措伝』124頁）

学院名を扁額に揮毫《きごう》し、仏学院の発展を祝福した。そして一九九七年に甘孜《カンゼ》州宗教事務局の申請を四川省宗教事務局が認可したことにより、ラルン五明仏学院が正式に誕生した。[2]

パンチェン・ラマ十世の急逝とチベット復興への意欲

その後、ジグメ・プンツォは一九八八年に北京の中国チベット語系高級仏学院（一九八七年創設）から要請を受け、二ヵ月にわたり各宗派の僧に講義を行った［法王伝83］。北京滞在中、チベット仏教に関心を持つ多数の漢人信徒がジグメ・プンツォに面会を求めてきた。その中には、一九九〇年代に実際にラルンガルを目指した者も含まれていた。図2―13（次頁）は北京西山八大処の仏牙舎利塔を訪れた際のものであり、漢人在家信徒の男性が撮影したものである。彼もその後、ラルンガルへと向かった。こうして二度の北京訪問は、漢人に信仰の種を播く役割も果たしたのである。

北京再訪の翌年となる一九八九年一月二十八日、パンチェン・ラマ十世の訃報が伝えられると、チベット全土が深い悲しみに暮れた。死因は疲労蓄積による心筋梗塞と言われているが、暗殺説もささやかれており真相は不明だ。

パンチェン・ラマは死の直前、座主《ざす》を務めるタシルンポ寺で、パンチェン・ラマ五世から九世を合葬し供養霊塔の落慶法要を主宰するため、チベット自治区シガツェに滞在中であった。中国共産党が新宗教政策を定

2-13　北京西山八大処を訪問したジグメ・プンツォとパンチェン・ラマ10世（1988年、『訪雪域大師—西藏密宗考察訪談紀実』口絵）

2-14　ジグメ・プンツォは妹（左）姪（右）と共にタシルンポ寺の落慶法要に参列（1989年、『見益略伝』11頁）

めた「十九号文件」を通達後、鄧小平は文化大革命時期に紅衛兵が破壊した霊塔の再建をチベット仏教復興支援の基幹事業と位置付けてきた。パンチェン・ラマ自身も共産党主導の復興事業に協力姿勢を保ちつつ、自らが主宰する仏教行事の復活になみなみならぬ意欲を見せていた。

政府系雑誌「中国西藏」の記事によると、一九八九年一月九日早朝、北京の西郊軍用空港には、閻明復《えんめいふく》（中国共産党統一戦線工作部長）、アポ・ガワン・ジグメ（全国人民代表大会常務委員会副委員長）、胡錦濤《こきんとう》（中国共産党チベット自治区委員会書記）等、党・政府要人と約百名の僧がパンチェン・ラマの見送りに駆けつけた［耿軍・偉翔1989:5-11］。そして、順調にラサへ到着した後、大昭寺を参詣し、チベット自治区政府主催の歓迎宴会と宗教関係者との座談会に出席した後、十三日にシガツェへ移動した。その後、法会開催の準備として北京から運んだトラック十四台分の物資を確認後、儀式の準備を進め、二十日に胡錦濤書記のシガツェ到着を出迎えた。

今回の法要には、チベット自治区のみならず、四川、青海、雲南、甘粛、内蒙古の党政府幹部及び多数の高僧が招待されていた。その中に、ジグメ・プンツォも含まれていた。

パンチェン・ラマは、二十二日の霊塔落慶法要で一連の宗教儀式を執り行った後、「文化大革命は漢人がチベット人の文化を消滅させることを意図したものではない」という主旨の講話を発表し、「愛国的」宗教人士として政治的任務を果たした。

ところが続く二十三日の座談会において、パンチェン・ラマは「今後、政

2-15　死の直前にタシルンポ寺で講話を行うパンチェン・ラマ10世（1989年、『十世班禅』頁記載なし）

2-16　北京の人民大会堂で行われたパンチェン・ラマ10世の追悼会（1989年）

治による宗教統制に反対すると同時に、愛国主義の旗を高く掲げ、祖国の統一を護《まも》り、チベット人と漢人の団結を強化すべきだ」という大胆な発言を行った。この時、パンチェン・ラマが共産党の誤った宗教政策をどの程度強調したのかは確認できないが、「今日に至るまでの中国政府のチベット政策を率直に批判したものと受け取れる」という日本の研究者からの指摘もある［加々美1992:22］。

ダライ・ラマ十四世への〝メッセージ〟

二十三日、宗教関係者による座談会と宴会を終えた後、パンチェン・ラマは側近に「開眼供養の講話に一言付け加えておく――私とダライ・ラマはともにツォンカパ［ゲルク派の開祖］の弟子だ。この厳粛な式典で宗派の友人であるダライ・ラマのことを懐かしく思った」と語ったそうだ［耿軍・偉翔1989:10-11］。

この逸話を掲載したのは中国政府の対外広報誌「中国西蔵」であるため、中国当局はパンチェン・ラマの急逝を利用して、亡命中のダライ・ラマ十四世に中国帰還を求める〝メッセージ〟を送ったと考えられる。

鄧小平は文化大革命終息後のチベット政策の中で、ダライ・ラマの帰還を最重要課題としていた。そのことは「中国西蔵」創刊号の冒頭に「中央政府とダライ・ラマの協議を評す」と題する論評を掲げ、「中央政府はダライ・ラマとの直接対話を希望する」姿勢を内外に表明したことからも明らかである［華子1989:3］。

一九八九年二月十五日、北京の人民大会堂にてパンチェン・ラマ追悼会《え》が厳かに行われた。中国政府は不慮の死を悼みつつ、「愛国」宗教人士としての功績を高くたたえた。中華人民共和国の時代を早足で駆け抜けた悲運の高僧であったが、一九八六年から八八年にジグメ・プンツォとの交流を通じて、ラルン五明仏学院創設への道筋をつけたことで、宗教者として大きな輝きを放ったと言える。パンチェン・ラマの遺産は、ジグメ・プンツォ逝去後もラルンガルの学僧がしっかりと受け継いでいる。

(1)視察地は甘孜州瀘定、康定、理塘、郷城、道孚、炉霍、色達、甘孜、石渠、徳格及びチベット自治区チャムドである［中共甘孜州委党史研究室2004:104］。

(2)「色達県喇栄寺五明仏学院簡介」。http://www.nmzx.com/nmcl/wmfx.htm（二〇〇三年九月十日閲覧）

ジグメ・プンツォ、念願のインド訪問

ラサ騒乱と第二次天安門事件——激動の一九八九年

一九八九年はチベットにとっても中国にとっても激動の年であった。三月にラサで騒乱が発生し、戒厳令が敷かれる事態に発展したからだ（一九八九年三月八日〜九〇年五月一日）。「民族蜂起」から三十年目にあたる一九八九年三月のラサには、チベット人が抱く積年の不満と怒り、きな臭い不穏な空気が充満していた。

その予兆は前年の一九八八年十二月に、西蔵《チベット》大学学生のデモとして現れていた。彼らが「チベット語の重視、チベット文化の尊重、民衆デモへの武力鎮圧反対、世界平和」等を強く訴えて街頭に繰り出しデモを敢行したことを受けて、当局は対応に苦慮した。(1)

2-17　西蔵大学生のデモ（1988年）

中国政府は三月のチベットをとりわけ警戒している。それは一九五九年三月に、現在のチベット自治区ラサで、中国治安部隊とチベット人の間で大規模な衝突事件が起こった、その記念の月だったからである。「中国当局によるダライ・ラマ拉致計画」の噂が引き金となり、両者が激突する中、最終的にダライ・ラマと側近は急遽インドへの亡命に踏み切った。この騒乱をチベット亡命政府は「民族蜂起」と位置付け、中国共産党は「チベット反乱」として断罪した。両者の確執は現在も続き、解決の糸口は見えない。

一九八九年三月のラサ騒乱から約二ヵ月後、李鵬《りほう》総理（一九二八〜）が、今度は北京市で戒厳令を発布した。この時、北京の天安門広場は、共産党や政府に民主化を要求する市民や学生で埋め尽くされていた（第二次天安門事件）。一連の事件の発端は、胡耀邦前総書記への追悼行事であった。チベットの状況改善や中国社会の民主化推進に積極的な意見を持つ胡耀邦は、リベラルな指導者としてその手腕が期待されていた。北京市民は胡耀邦追悼を契機に、法治社会の実現や民主化要求へと運動を拡大していったのである。

ノーベル平和賞の波紋

その年の十月五日、ノルウェーのノーベル賞選考委員会がダライ・ラマ十四世にノーベル平和賞の授与を発表すると、世界は歓喜の声を上げた。授賞理由は非暴力を軸にチベット問題の解決に努力し、さらに広範な国際紛争、人権問題、環境問題などに建設的な提案をしてきたことである。そしてもう一つの受賞理由として、中国の政治状況への異議申し立てが挙げられる。

当時、東欧やソ連で吹き荒れていた社会主義体制改革の嵐を考慮すれば、ダライ・ラマは民族運動の先駆的存在とも言え、時宜にかなったものとの見方もできる。とりわけ一九八七年から八九年にラサで断続的に発生した騒乱が、選考理由として重く扱われたと考えるのが自然であろう。一方、中国外交部報道官は二日後の十月七日に、「ダライ・ラマと分裂主義分子による祖国分裂の活動に対する公然の支持であり、内政干渉だ」として遺憾と憤りの意を表明した。

選考委員会がダライ・ラマに授与したもう一つの理由は、中国に第二次天安門事件への反省を促す意図があったとも考えられる。だが、仮に中国を批判する手段としてチベット問題を利用したのであれば、チベット問題の解決を遠ざけることにもつながりかねない。事実、当時、中国で権力を握っていた鄧小平は、ダライ・ラマの帰還に向けて亡命政府の代理人と積極的に交渉を進めていたが、ノーベル平和賞の波紋により両者の協議の扉はかたく閉ざされてしまった。

ジグメ・プンツォを招いた亡命僧ペーノー・リンポチェとペユル寺

一九八九年の激動期にラルンガルがどのような状況であったかを知る術《すべ》はないが、学僧たちは動揺することなく学問と修行に向き合ったようである。翌九〇年にジグメ・プンツォ学院長一行のインド訪問が実現したことがそのことを裏付けている。

一九九〇年、ジグメ・プンツォをインドへ招請したのは、後にニンマ派の長となるペーノー・リンポチェ（一九三二〜二〇〇九）であった。彼はニンマ派ペユル寺（四川省白玉《ペユル》県）の座主《ざす》であり、一九五九年にインドへ逃れた後、マイソールにナムドリン寺を建てた。亡命後、数回四川省甘孜《カンゼ》州に一時帰還し、ペユル寺の再建に向けて資金と人材を提供した。このような自由な行動が許されるのは、チベット仏教のニンマ派が中国共産党の宗教懐柔活動に対して、比較的「従順な」関係を築いてきたからである。

私が初めてペユル寺を訪問した二〇〇三年八月、町の個人商店には亡命したペーノー・リンポチェの写真が堂々

2-18　ペユル寺仏学院へ講義に向かうツゥテン・パソン・リンポチェ（左、2003年8月筆者撮影）

2-19　ペーノー・リンポチェ（左）をラルンガルへ招待したジグメ・プンツォ学院長（1988年（『訪雪域大師』口絵）

と飾られていた。チベット人の店主に質問したところ、「公安とのトラブルはない。チベット人の公安はみなリンポチェを尊敬しているからだ」と返答があった。

寺を預かるツゥテン・パソン・リンポチェ（一九三六〜）からペーノー・リンポチェの人柄と再建状況を伺ったことがある。「甘孜州《カンゼ》を襲った民主改革は未曾有の被害をもたらし、ペユル寺の誇りである仏学院は一九五八年に閉鎖に追い込まれた。文化大革命終了後、ペーノー・リンポチェの支援を受けて、一九八七年に仏学院を再開することができた。インドから派遣されたケンポ（学堂長）が若い僧の教育を担い、学問と修行が続けられるようになり安堵している。一九八八年にペーノー・リンポチェが二度目の帰還を果たした際、数千の農民や牧民が寺に集まり、熱心に説法を聞いて涙を流したことを覚えている」。

図2−19は一九八八年にラルンガルを訪問したペーノー・リンポチェである。それから二年後、ジグメ・プンツォは弟子を従えてインドを訪ねる機会を得た。

ブータン国王からの招聘

一九九〇年四月、ジグメ・プンツォ一行は先ずブータンへ向かった。ブータンはチベット仏教カギュ派の支派であるドゥック派を国教とする世界で唯一の独立国である。ただし、ゲルク派やニンマ派の僧も存在しており、宗派間には〝静かな争い〟がある。ブータンでは仏教が社会的な規範の柱となっているが、国民のすべてが仏教徒であるわけではない。国の南部にはヒンドゥー教を信仰するネパール系住民が多数暮らしており、首都のティンプーにはバングラデシュ系住民のためのモスクもある［平山2005:43-48］。

今回のブータン訪問は、第四代国王ジグメ・センゲ・ワンチュク（一九五五〜）からの強い招聘に応じたものである。国王は国民総生産（GNP=Gross National Product）に代わる国民総幸福量（GNH=Gross National Happiness）という概念を提唱したことで知られている。これは経済の発展と環境保全や文化的独自性の維持が共存することを願ったものである。

2-20　ジグメ・センゲ・ワンチュク前国王

ジグメ・プンツォらがブータンを訪問した目的の一つは、当時のニンマ派宗主であるディルゴ・ケンツェ・リンポチェ（一九一〇〜九一）への表敬訪問であった。ディルゴ・リンポチェは現在の四川省徳格《デルゲ》県出身。一九五九年にブータンへ亡命し、国王から国師（師僧）の待遇を受け、ニンマ派の教えを伝えた。一九八〇年、ネパールにセチェン僧院を建立し、ニンマ派の教義を広く内外の弟子に伝授した［小野田2010:254－255］。図2－21はインドのニューデリーでディルゴ・リンポチェに謁見した時の写真である。翌九一年にリンポチェは死去した。

ジグメ・プンツォはブータン国王を訪問した後、国内の寺院や聖地を案内され、宗教の発展と維持に尽力する国王の姿勢に心を打たれた。『法王伝』には、ブータン滞在中、英雄・ケサル王ゆかりの地に向かった際、激しい雹《ひょう》に襲われたが、ジグメ・プンツォが仏に祈ると、霧が晴れるようにあとかたもなく消えうせたと記されている［法王伝165－166］。

念願のインドでダライ・ラマ十四世と交流

学院長一行はブータンを経て、四月末無事にインドへ到着した。

この時期のインドは聞きしに勝る高温多湿であり、チベット高原から下ってきたジグメ・プンツォは相当骨身

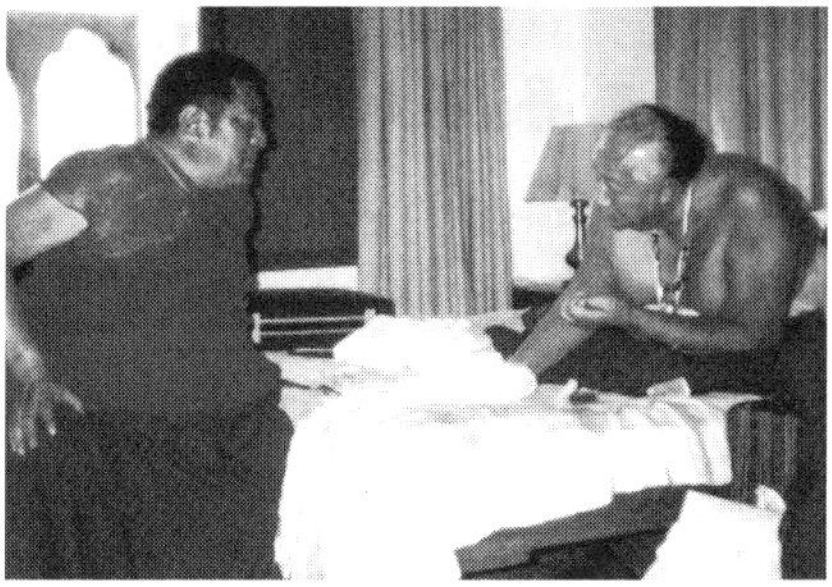

2-21　ディルゴ・リンポチェ（右）に謁見したジグメ・プンツォ（1990年、（『法王晋美彭措伝』164頁））

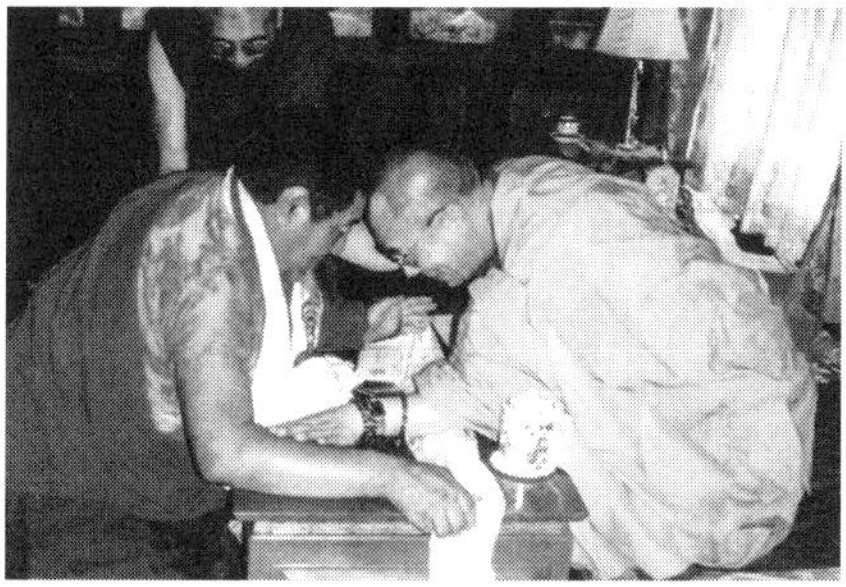

2-22　インドでダライ・ラマ14世（右）へ灌頂儀式を行うジグメ・プンツォ（1990年、『心中燃起的時代明灯』101頁）

にこたえたそうだ。数日後、ダライ・ラマ十四世が遣わした車がニューデリーに到着した。チベット亡命政府の所在地であるダラムサラでの二人の交流記録を以下に示す［法王伝152－156］。

五月二十四日　ナムゲル学堂に到着。歓迎式典を開催。ダライ・ラマは先代の銀貨と黄金マンダラをジグメ・プンツォに献上した後、灌《かん》頂《じょう》を受けた。

五月二十五日　二人はナムゲル学堂で盛大に法会を開催。

五月二十六日　二人は会食の席で先代と前世の宿縁について語り、ダライ・ラマが長寿仏を贈った。

五月二十七日以降数日間　ジグメ・プンツォはダライ・ラマに連日講義を行った。

ジグメ・プンツォがダライ・ラマに灌頂と講義を行った理由は先代の宿縁、つまり「ジグメ・プンツォの前世にあたるレーラプ・リンパが先代ダライ・ラマ十三世の導師を務めた関係」を指している。ダライ・ラマはジグメ・プンツォに特別の敬意を払いながらも、二人は旧知のごとく打ち解けていたと伝えられている。

灌頂とは「頂上に水を灌《そそ》ぐ」という意味であり、古代インドで行われていた王位継承を内外に示す儀式であり、後に密教に取り入れられた。灌頂は密教の法脈を師から資（弟子）に相承する厳儀であると同時に、密教を広める法儀でもある。

インド仏教界にも衝撃

ダラムサラを離れてジグメ・プンツォが向かった先は、インド南部マイソールのナムドリン寺であった。ジグメ・プンツォはペーノー・リンポチェとの再会を喜び、仏学院で数千の僧を対象に講義を二ヵ月余り続けた。その後、セラ寺（ゲルク派）のゲシェ（仏教学博士）の前で、そしてカダム派（チベット仏教の一派）やサキャ派の僧院においてもニンマ派の講義を行なったことが大きな反響を巻き起こした。図2－23はゲルク派の僧にカタ（儀礼に用いる白い布）をかける場面である。

ここで、チベット仏教ゲルク派に属するダライ・ラマ十四世が、インドに滞在中のニンマ派ジグメ・プンツォから講義を受けていることに注目したい。このようなニンマ派とゲルク派の交流はダライ・ラマ五世や七世の時代にも確認できたが、当時は批判も多く軋轢《あつれき》が存在した。現在インドでは、チベット仏教各宗派間の交流は比較的ドライであるため、ジグメ・プンツォの宗派を超えた積極的な交流（東チベットに由来するリメ運動）はインド仏教界に大きな衝撃を与えたと思われる。

インド訪問が実現した理由

ジグメ・プンツォの側近ケンポ・ソダジは『法王伝』の中で、「三宝［仏・法・僧］の加護により、すべての出国準備は順調に整った」「中国駐インド大使館で正式な手続きを経て、承認を得た上でインド北部のダラムサラへ出発した」と書いている［法王伝151］。

中国では国民誰もが自由にパスポートを取得できるわけではない。なかで

2-23　ゲルク派の僧との交流（『法王晋美彭措伝』158頁）

もチベット人やウイグル人の多くは、パスポートを申請することすら困難である。したがって、ラサ騒乱と第二次天安門事件の翌年にあたる一九九〇年に、チベット仏教の高僧と弟子がパスポートを取得し、中国政府が反発を強めるインドへの渡航が実現したことは驚きである。中国当局は宗教者が海外の宗教組織や支援団体と連携し、資金援助を受け、抵抗運動の火種を持ち帰ることを警戒しているからだ。

このような状況下で、ジグメ・プンツォが親族と従者を伴い、亡命中のペーノー・リンポチェの招きでインドを訪問しダライ・ラマ十四世と交流することがなぜ許されたのであろうか。その理由はいくつか考えられる。

(1)鄧小平の思惑　彼が推進したチベット政策の柱の一つは、ダライ・ラマ十四世の帰還実現であった。チベット亡命政府との代理協議、亡命宗教者への帰還要請、親族への特別配慮が行われていた。鄧小平が後継者として指名した江沢民《こうたくみん》（一九二六～）は、鄧小平の意向を受けとめつつ、インドに亡命した高僧たちの動向を注視していた。

(2)パンチェン・ラマの遺徳　パンチェン・ラマ十世の支援が功を奏して認可されたラルンガルには、宗派を超えた出家者と漢人信徒の受け入れ、東チベット社会の安定と民族融和を担う社会インフラとして期待する声が高まってきた。故パンチェン・ラマの遺産でもあるラルンガルを、今後政権とのパイプ役として利用する狙いも透けて見える。

(3)国際情勢　一九九〇年当時、中国政府は西側諸国から人権弾圧を非難され、国際社会から孤立しかねない状況に直面していた。外圧を嫌う中国は、「民主化要求とチベット問題に向き合え」という国際世論の高まりを受け、対外的には強権的な姿勢を弱め、インドを含む周辺諸国との間で外交と経済協力をめぐる関係改善を模索していた。東西冷戦の象徴的存在であったベルリンの壁が崩壊し、以後東欧諸国の社会主義独裁体制が雪崩を打ったように崩れていく中、中国政府は内外の情勢を冷静に観察して情報を集め、「鋭い爪を隠して力を蓄える」（韜光養晦《とうこうようかい》）という「守り」の戦術を用いて、宗教者の活動を背後からじっと観察していたのである。

世界弘法《ぐほう》の旅へ

一九九〇年代に入りラルンガルの運営が軌道に乗ると、ジグメ・プンツォの行動範囲は漢人信徒が多く住む中国の内陸部や沿海部の都市のみならず、諸外国にまで拡がっていった。一九九〇年のインド、ブータン、ネパール訪問に続き、一九九三年にアメリカ、カナダ、イギリス、フランス、ドイツ、オランダ、台湾、香港、そして一九九五年にシンガポール、マレーシアを歴訪した。

一九九三年に行った弘法《ぐほう》（仏教を広めること）の旅は、広州から出国し香港と東京を経由してハワイを目指した。東京では仏教団体の接待を受け、科学や文学方面の関係者と交流を行ったと記されている［法王伝181-183］。アメリ

2-24　カトマンズのボダナートの仏塔の前で（1990年、『法王晋美彭措伝』146頁）

2-25　ワシントンのホワイトハウス前にて。ジグメ・プンツォと高弟たち（1993年、『法王晋美彭措伝』193頁）

カではボストン、ニューヨーク、ワシントン等の仏教センターや寺院で法話や灌頂を行い、ホワイトハウスや国立航空宇宙博物館を見学した。同行者はジグメ・プンツォの妹と姪、側近たちである。アメリカ訪問の成果としてあげられるのは、アメリカ政府の同意を得た後に設立したニューヨーク・ラルン顕密センターである。

ジグメ・プンツォのパスポートをめぐってこのようなエピソードがある。一九九五年の東南アジア訪問の際、四川省政府に三ヵ月間有効のパスポートを申請したところ、発行されたのは何と五年間有効のものであった。最終判断を下したのは北京の国務院宗教事務局（現在の国家宗教事務局、中国共産党の下部組織）である。帰国し成都へ戻った時、ジグメ・プンツォを出迎えたのは当時の四川省長であった。[2] そしてその年の冬、二ヵ月余りにわたる台湾行きも問題なく許可されたという。

こうした事例が示すように、一九九〇年代前半、ラルンガルと四川省政府の関係は良好であった。ラルンガルが東チベット社会の安定を支える重要な存在であることを省政府は理解していたからだ。

しかし、好事魔多し。インド訪問から十年後、ラルンガルは激しい政治の逆風に苦しめられることとなった。

(1) 索朗多吉の回顧録「難忘的学生時代」による。http://woeser.middle-way.net/2013/11/1988.html（二〇一六年九月七日閲覧）

(2)「聖者法王如意宝晋美彭措勇列吉祥賢略伝」。http://buddha.nease.net/browse/zhuanji/fawang.htm（二〇〇三年九月十日閲覧）

column②

デリーのチベット社会

二〇一五年十二月にインドのデリーを訪問した際、私は小さなチベット難民村を訪問した。

マジュヌカティラと呼ばれるその居住区は、デリーのリトルチベットであり、地下鉄Vidhan Sabha駅からオートリクシャーで十分足らずの場所にある。

祈りの旗タルチョで飾られた歩道橋を渡ると、難民村の入口が見えてきた。狭い路地には仏具、書籍、DVD、衣料品、雑貨を売る店が軒を連ねる。店内にはチベット国旗、ダライ・ラマやカルマパの肖像があり、ケンポ・ソダジ等ラルンガル高僧の法話DVDも販売されている。店の前では物乞いを見かけるが、外国人観光客の反応は鈍かった。喫茶店、食堂、換金屋、旅行代理店等には地元民が出入りしており、チベット人コミュニティーの存在を実感することができた。ここからダラムサラ行きのバスも出ている。

難民村の第一印象は活気がなく、住民の笑顔に出会えないことだ。確かにチベット文化を象徴する商品は並んでいるが、空気は明らかにすさんでいる。路地を少年二人乗りのスクーターが乱暴に走り抜ける姿には、難民社会が直面する現在と将来への不安が色濃く映し出されていた。

路地を抜けると、広場に面した小さな寺院が見つかった。インド亡命後、ジグメ・プンツォ学院長を招聘したペーノー・リンポチェと彼の化身ラマの肖像写真が並んでいた。漢語が通じる僧がいたので、ラルンガルのことを質問してみた。

「ダラムサラから用事で来た。ラルンガルのことは聞いたことがある。行ってみたいが、難民なのでチベット本土へ入るのが難しい。ケンポ・ソダジが活躍しているだろ。彼がどのようにして漢人の心をつかんだのかを知りたい。将来は村社会を離れて台湾で暮らしたい。小さな道場を開くのが夢だ」と率直に語ってくれた。

この時私は、チベット問題がすでにたそがれ時《どき》を迎えていることを改めて感じた。ダライ・ラマの亡命から六十年が経過した今、中国共産党との関係改善の兆しは見えてこない。ダライ・ラマ自身はチベット本土への帰還を望んでいるが、決定的な打開策はない。この六十年間に、中国は外交、経済、軍事面で大きな力を蓄え、アメリカに次ぐ大国として君臨するに至った。

そして、人権問題に敏感な西側諸国もチベット問題に関しては、中国を批判する姿勢が及び腰である。

　僧が私に語った「村社会を離れて台湾で暮らしたい」という言葉から、インドのチベット難民社会が後継指導者の養成、資金確保、宗派間の紛争、学問レベルの維持等、頭の痛い諸問題に直面し、僧侶も民衆も未来への展望を開くことが難しい現実を読み取った。中国政府に対して面従腹背の姿勢で困難を乗り切ってきたラルンガルを、亡命政府はどう評価するのか聞いてみたい。

難民村の寺院に飾られていたニンマ派宗主ペーノー・リンポチェと化身ラマの少年（2015年12月筆者撮影）

難民村の小さな寺院（2015年12月筆者撮影）

第3章 ラルンガル粛正

＊江沢民から胡錦濤へ党総書記の交代を控えた時期に、ラルンガルは尼僧坊の解体・撤去という宗教引き締め政策の悪夢に襲われた（2001年12月筆者撮影）

成都からラルンガルへ

当局が僧坊撤去――台湾からの緊急ニュース

ここで話を1章冒頭の「重慶の男」に戻そう。

一九九七年十二月、私は四川省甘孜《カンゼ》州の炉霍《ダンゴ》へ向かう車中で、ある漢人信徒と出会った。重慶から来たというその男は翌朝、乗り合いのワゴン車でラルンガルへと向かう際、私にラルンガル行きを誘ったが、凍てつく寒さの中、私が丁重に断ったことはすでに述べた通りである。

その後、私は「ニンマ・インフォメーション（寧瑪資訊）」等のウェブサイトを通じて、ラルンガルの情報を断片的に入手していたものの、結局他の調査地へ行くことを優先し、一九九八年はチベット自治区のラサへ、一九九九年は四川省の阿壩《アバ》と若爾蓋《ゾルゲ》方面を探索した。そして二〇〇〇年十二月に再び甘孜《カンゼ》州の甘孜《カンゼ》と新龍《ニャロン》に向かったが、時間と交通手段の都合でラルンガル行きを断念した。当時、甘孜《カンゼ》から直接色達《セルタ》へ向かうバスがなかったからだ。

そして二〇〇一年春、台湾のあるウェブサイト上で、ラルンガルに関する緊急ニュースに接すると不安が一気に広がった。政府が仏学院の規模を縮小する目的で僧坊を撤去し、台湾人信徒を放逐したという内容であったからだ。その台湾人は公安局の命令に従い、貴重品だけを持って台湾へ戻ったとのこと。その時、四年前に炉霍《ダンゴ》で別れた男の姿が脳裏をよぎった。そして冬の到来を待って、ラルンガルへと向かった。

成都西門バスターミナルで足止め

二〇〇一年十二月末、関西空港から四川省の成都へ飛び、新南門バスターミナル横の交通飯店《ホテル》に宿泊後、翌朝タクシーで西門バスターミナルへ移動した。当時色達《セルタ》行きのバスは、西門バスターミナル（第一環状道路北西外側）から出ていた。近くに阿壩《アバ》州政府の成都出張所を兼ねた阿壩賓館《アバホテル》もあり、この界隈はチベット料理店やチベット人の集まるバター茶屋で賑わっていた。

その後、二〇〇二年に西門バスターミナルは閉鎖され、茶店子《ちゃてんし》バスターミナル（第三環状道路北西外側）が開業した。やがて阿壩賓館《アバホテル》も解体され、西門バスターミナル付近は都市再開発をへて大規模なマンション群へと変貌したため、成都市街からチベット色の濃い一角が消滅した。

西門バスターミナルで色達《セルタ》直行バスの切符は問題なく購入できたが、バスは一向に出発する気配がない。結局四時間待たされたあげく、正午前に運転手の判断で運行中止となった。厳寒期に色達《セルタ》へ向かう客が集まらなかったことが理由である。このように定期運行の確保よりもバス事業者の都合が優先されることは珍しくない。仕方なく交通飯店《ホテル》でもう一泊して、翌朝馬爾康《マルカム》行のバスに乗り直した。

交通の要衝、馬爾康《マルカム》から色達《セルタ》へ

成都―馬爾康《マルカム》間の当時のバス路線は約四百キロメートル、所要時間は九時間、チケットは六十元（約千二百円）であった。成都郊外から古代の水利施設で有名な都江堰《とこうえん》までは高速道路を利用し、その先は一般道を走った。理県《りけん》の米亜羅《ニャクロ》を過ぎたあたりから一面雪景色となり、刷経口《さっけいこう》に至る鷓鴣山《しゃこ》の険しい峠道は路面凍結の箇所もあり、大いに肝を冷やした。二〇〇四年に鷓鴣山トンネルが開通したことにより、走行距離と所要時間が大きく短縮されたが、成都からアムド（東北チベット）へ通じる峠越えの醍醐味は失われてしまった。

馬爾康《マルカム》は阿壩《アバ》州交通の要であり、当時市街には大小二つのバスターミナルがあった。色達《セルタ》行きは、規模の小さ

3-1　馬爾康発、色達行バスが出る岷山バスターミナル（2001年12月筆者撮影）

な岷山《みんざん》ターミナルから発着していた。岷山は四川と甘粛の省境に連なる山脈の名前であり、成都滞在を経験済みの読者の中には、リムジンバス発着地点横にある岷山飯店《ホテル》の名前でなじみがあるだろう。現在成都—色達《セルタ》間は一日で移動可能であるが、二〇〇一年当時は馬爾康《マルカム》経由もしくは直通寝台バスで二日を要した。

図3—2のチケットには「十二月二十三日、馬～色達、発車時刻：6点（六時）」と書かれている。「馬」は馬爾康《マルカム》の略称。チケット代は五十六元（約千百二十円）、距離は二百四十五キロメートル。その日、私は馬爾康《マルカム》市街の個人経営の宿を利用した。二人部屋、シャワーなし、トイレ共同、カラーテレビと電気毛布あり、停電と公安のチェックなし、部屋代は二十二元（約四百四十円）、快適な一夜であった。

図3—3は翌日、私が利用した色達《セルタ》行きのバスである。六時に馬爾康《マルカム》を出発し、観音橋を経由して十八時に色達《セルタ》着。運行パネル横の肖像は、ラルンガルのテンジン・ジャンツォ副学院長である。運転席付近にはもちろんジグメ・プンツォの写真が貼られている。

車のフロントガラスに高僧の写真を掲げる行為は、高僧への敬意と交通安全祈願を意味している。サイドミラーに結わえられているのは、経文《きょうもん》が印刷された五色の旗タルチョ。その上、天井には風を受けて回転する小型のマニ車《ぐるま》も設置されている。まさに天空の聖域ラルンガルへ向かうにふさわしい装飾である。

このように高僧の肖像写真を大きく掲げたバスは、公営ではなく民営と考えられる。運転手と乗客の大半はチベット人であり、漢人はわずかに数人であった。濃いチベット色を楽しめる一方、観音橋から色達《セルタ》までの約二百キロメートルは未舗装の悪路であり、バスはサスペンションがあまり機能していないため、車輪からの振動が直接座

3-3　ラルンガルの高僧の写真を掲げた馬爾康発、色達行バス（2001年12月筆者撮影）

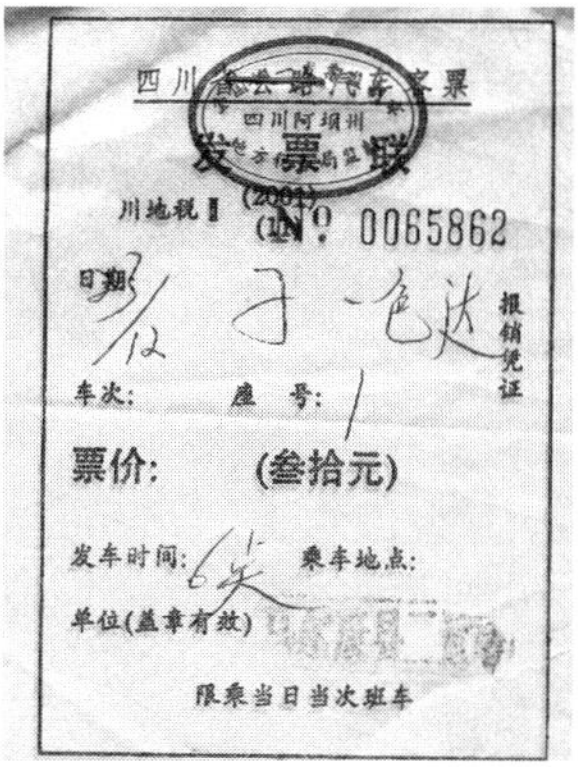

3-2　馬爾康発、色達行バスの切符（2001年12月23日）

席に伝わってくる。バスが大きく揺れるたびに座席から尻が浮き上がり、あちこちから悲鳴が上がる。もちろんシートベルトはない。その上、暖房のない車内には、路面から舞い上がった砂ぼこりとタバコの煙が漂っている。

この日、色達《セルタ》到着までにタイヤは二度パンクしたが、乗客から不満の声は出なかった。最初のタイヤ交換を終えると、運転手は近くの町まで後戻りしてタイヤの修理を行った。修理作業を観察すると、これはパンクではなくチューブの破裂であった。修理屋は慣れた手つきで、十センチほど裂けたチューブを針と糸で縫い合わせた後、中古チューブを切り取り大きなパッチを貼り付けた。まさに職人技、いや神業《かみわざ》であった。バスは通常スペアタイヤを一本しか積んでいないため、悪路とタイヤの品質を考えると早めの修理が肝心ということだろう。

「食糧局招待所」に投宿

こうして成都から二日がかりで色達《セルタ》県の中心地・色柯《セルコク》という町に到着した。町の入口には金色に輝く巨大な馬の像が置かれている。県名の「色達」はチベット語音の転写であり、本来は「金の馬」を意味する。その後、町の再開発を経て、金馬像は新しく作られた金馬広場の中央に据えられて現在に至っている。

バスは金馬像の近くで止まると、運転手が乗客に下車を促した。私は荷物を背負い、大通りと路地をあちこち歩いてまわり、その日の宿

3-4　1989年に設置された金馬像（2001年12月筆者撮影）

3-5　色達県食糧局に併設された宿泊所（2001年12月筆者撮影）

を「食糧局招待所」に決めた。身分証の提示や宿帳記入の必要はなく、他に客も見当たらない。色達《セルタ》県政府が所管する食糧局は、穀物や食用油の流通と備蓄を行っており、招待所の利用者は主に食糧局の関係者や縁故者であるが、私のような部外者も宿泊可能である。宿泊業で利益を得るのが目的ではないため宿賃は安いが、設備は貧弱、サービスはないに等しい。

平屋の三人部屋にはベッド、机、ポット、ローソクがあるのみで、あてにしていた電気毛布はない。しかもその夜、十時頃停電になった。送電トラブルではなく、電力不足による定期的な送電停止である。冬に雨の少ない東チベットでは、水力発電が機能せず電力不足が深刻である。私はこのような寒々とした殺風景な部屋にも一人で泊まることに慣れているため、ローソクを灯し手持ちの食物をカバンの奥に詰めてから布団にくるまった。深夜ネズミが食品をかじってしまうからだ。

荒れ果てた色達《セルタ》市街

翌朝の日の出は八時半であった。三十分ほど布団の中でグズグズしてから九時頃に外へ出た。土の道は凍り付き、寒さのため身体が思うように動かない。通りは至るところにヤク（チベット高原に生息する牛）の群れが歩いていた。ヤクの背には乾燥させた糞《ふん》の袋が結わえられている。近隣の牧民が炊事やストーブの燃料として、町へ売りに来ていたのである。町はあちこちで道路や水路を掘り起こし、新たに水道管を敷設する工事が行われていた。家屋の多くは瓦葺《ぶ》きの平屋であり、窓ガラスが割れ、土壁がはがれ落ち、貧相な町並

3-6　燃料の糞を背負ったヤクの群れ（2001年12月筆者撮影）

3-7　チベット色の濃い生鮮市場（2001年12月筆者撮影）

みが続く。住人の話では、古い家屋は一九七〇年代に建てられたものであり、これから道路の拡幅と町の再開発工事が予定されているとのこと。色達《セルタ》県はいわゆる貧困地区であり、牧畜以外の生業が見当たらない。交通事情が悪く、観光資源に乏しいため、外部からの人の出入りが少ない地域である。唯一活気が見られた場所は生鮮市場であった。野菜、牛肉、香辛料、毛皮等が商われ、民族衣装をまとったチベット人や僧が集まっていた。
市場にいた何人かのチベット人にラルンガルの現状を聞いてみたが、みな口が重く話したがらない雰囲気であった。困り果てていたところ、あるチベット人の男が私に話しかけてきた。

男「ラルンガルへ何しに行くんだ」
私「ジグメ・プンツォに会いに行くんです」
男「ラルンガルにはいないよ。馬爾康《マルカム》か成都の病院で治療中だ。いつ帰ってくるのかわからない」
私「ここからラルンガルへの行き方を教えてほしいのですが」
男「おまえは漢人だろ。行かない方がいいよ。いろいろ面倒なことが多いからな。役人もいることだし」
私「僧坊が壊されたと聞いたが本当ですか」
男「本当だ。追い出された尼さんたちが途方に暮れている。ここでラルンガルの話はしない方がいい。騒動はまだ終わってないからね。どうしても行くのなら、あのお坊さんについて行けば、車がみつかるよ」

ラルンガルを襲った惨劇

ラルンガルへの入口

市場でラルンガルの僧と出会った。

事情を説明すると、僧は金馬像の方向を指さした。そこには古びた中国製の四輪駆動車が一台停まっていた。車は仏学院が所有、僧は運転手として定期的に町へ食品や物資の買い出しに来たという。時間や座席に余裕があれば、乗り合いタクシーも兼ねるとのことなので、私も乗せてもらうことにした。十五分ほど待っていると、僧と尼僧が数人集まってきた。車の定員は運転手を含めて五人であるが、今回私を含めて七人が乗車した。こうした定員超過は田舎では珍しくない。

車は順調に走り、町から二十キロメートルほど南へ下ったところで止まった。そこは馬爾康《マルカム》とラルンガルへの道を分ける丁字路であり、付近には食堂と雑貨屋が数軒並んでいる。食堂があることを確認した私は、ここで下車することを運転手に伝え、運賃五元（約百円）を手渡した。当時は色達《セルタ》市街とラルンガルを結ぶ乗り合いワゴンタクシーは走っておらず、私のような外部の者が移動の車を捕まえるのは一苦労であった。

この丁字路を東に歩くと、白い仏塔と小さなゲートが見えてきた。これが二〇〇一年当時のラルンガルへの入口であり、二〇〇七年に道路は舗装され立派な門に建て替えられた。丁字路付近の食堂で軽く食事を終えた私は、この門をくぐって坂道を登り始めた。食堂の主人の話では、ラルンガルまで徒歩で三十分だ。

五分ほど歩くと、大きな荷物を抱えた漢人の男に追いついた。彼は遼寧省大連から来た中年の男性教師であり、「これからテンジン・ジャンツォ副学院長に会いに行く」とのこと。ちょうどその時、下からトラクターが上ってきた。私と男はトラクターを止めて、ラルンガルまでの便乗をお願いした。実はこのトラクターは有料で、丁字路とラルンガルの間を往復しており、荷物や人を運んでいた。途中でラルンガルと交流の深い山西省の五台山から来たという漢人の年老いた尼僧も拾って無事に目的地へたどり着いた。

初めて見たラルンガルの姿はまさに壮観であった。谷を埋め尽くす僧坊群は、真っ青な空と山肌の土色に調和し

3-8　ラルンガル旧門の前に立つ村の女性（2001年12月筆者撮影）

ており、現在のような派手な赤い屋根は皆無であった。

破壊された僧坊群

この時、トラクターの荷台から衝撃の光景が私の目に飛び込んできた。道をはさんだ斜面の両側には、解体されたおびただしい数の僧坊跡が生々しく残っていたからだ。その年の春に台湾から発せられた緊急ニュースは事実であった。目を覆うばかりの惨状に声が震え、呆気にとられた私は思わずトラクターから振り落とされそうになった。場所はラルンガル全体の西側区画、つまり丁字路側から見た一番手前である。丘の上のラルンガル招待所（現在の喇栄《ラルン》賓館《ホテル》）に荷物を置いた後、夕暮れが近づいてからその場所を見にいった。

図3－9はラルンガルに向かって南北に走る道路の西側にあたる。ここは尼僧の居住区であり、山肌の急な斜面に崩れた土壁が点々と残されている。まるで力尽きた後の死体が累々と並んでいるかのように。僧坊の床・壁・梁などの構造を支える骨組は木材であり、外観は簡素なログハウス風である。この地域では木材は貴重であり、高値で取引されている。窓枠や電線、木材といった再利用が可能なものはすべて撤去されてお

3-9　傷跡が生々しい道路西側の尼僧居住区（2001年12月筆者撮影）

り、現地に残されていたのは土壁とビニール製のゴミだけだ。

次に、図3—10は南北に走る道の東側に位置する尼僧居住区である。一見した限りでは、東側の被害規模は小さく感じられるが、上空からみたグーグルアースの写真（36頁・図1—3参照）では、撤去された区域は東側の方が広いことがわかる。先に撤去されたのは東側である。土壁の残骸は西側よりかなり少なく、全体的に荒々しさは残るが整地が施されていた。破壊の痕跡を消し去るのが目的であることは一目瞭然だ。ただし雛壇《ひなだん》状に一つ一つ僧坊の基礎跡をくっきりと確認することができる。僧坊跡は基礎部分を掘り起こしたため、通常の山肌と比べて土の色が黒く、草がまったく生えていない。

そして西側東側ともに、撤去された一画には強固な土塀が築かれ、部外者の進入を妨げていた。おそらく一、二年もたてば、そこには青々とした草が生い茂り、無惨な爪あとを覆い隠してしまうことだろう。

誰が撤去作業を行ったのか

チベット・インフォメーション・ネットワーク（TI

3-10　撤去跡が残る道路東側の尼僧居住区（2001年12月筆者撮影）

N＝Tibet Information Network）のウェブサイトに、二〇〇一年六月から七月頃、公安当局の指示で僧坊を解体する作業員の写真と当時の状況を報告したレポートが掲載された。[1] そして翌二〇〇二年四月の別のレポートには、自らの僧坊を撤去された尼僧の証言が詳しく紹介されている。[2] 別のレポートには、解体撤去に雇われた漢人作業員には、一戸あたり二百五十元（約五千円）の報酬が支払われ、木材の私物化が許されたと書かれている。

　各種ウェブサイト上の情報を整理すると、僧坊の大規模な解体と撤去は二〇〇〇年十二月（東側区画）と二〇〇一年六月から七月（西側区画）に集中的に行われたと考えられる。[3] 四川省の公安当局は僧坊解体後、学僧に仏学院から即刻退去し帰郷するように命じた。主な対象者はチベット人の尼僧であるが、漢人僧尼や在家信徒、シンガポールや台湾の信徒も含まれていた。尼僧の中には郷里に戻り農作業に従事した者もいれば、他の地域に身を隠した者もいる。

　私が二〇〇一年にラルンガルの高僧に確認したところ、僧坊を失った尼僧は自宅へ戻った者、他の僧坊で同居する者、親類や支援者宅に身を寄せた者に分かれ、政府が定めた寺院定員制により、外部の尼僧院に入ることは困難であるとのこと。

なぜラルンガルは〝粛正〟されたのか

二〇〇二年に開催される中国共産党の全国代表大会では、江沢民《こうたくみん》から胡錦濤《こきんとう》へ、中央委員会総書記の交代が既定路線であった。そこで、重要な権力移行の前に少数民族地区の不安定要素を取り除くことが主たる目的であった。

ラルンガル僧坊解体事件の発端は、チベット政策に実績のある共産党の陰法唐《いんほうとう》（元チベット自治区党委員会書記、一九二二〜）が一九九九年に行った視察であるという見方もあるが、この点については今後の継続調査が必要である。二〇〇一年の僧坊解体事件の詳細は拙著『東チベットの宗教空間』第五章を参照いただきたい。

では、この粛正事件は権力による宗教弾圧なのであろうか。確かにわたしたちの目から見れば弾圧行為であるが、中国では公権力による「秩序回復」や「軌道修正」に相当する。というのも、ラルンガルは急峻な谷間に僧坊が密集しているため、複雑な電気配線による漏電が火災を引き起こす恐れがあり、汚水や生活排水の処理など衛生面の問題にも直面している。そこで地元の色達《セルタ》県政府は、ラルンガル在籍者数の適正化及び防災面の強化というラルンガルの弱点を巧みに突いて、「適切な」指導を行ったのである。

この手法は第5章で述べる二〇一六年の「ラルンガル改造計画」（180頁「ラルンガル改造計画」参照）の際にも威力を発揮した。ラルンガル入口の尼僧居住区を大幅に撤去し、レンガで壁を築いた理由は、北京や四川省から党幹部が視察に来た際、宗教管理強化の成果をわかりやすく見せるためであろう。

(1) Work teams in the process of demolition of homes at Serthar,July 2001. http://www.tibetinfo.net/reports/trel/sr5.htm（二〇〇三年八月二十日閲覧）

(2)「新世紀の『宗教活動』四川省における党政策の実施」。http://www.tibethouse.jp/news_release/2002/religious_work_Apr18_2002.html（二〇〇三年八月二十日閲覧）

(3)「西蔵尼姑与公安人員発生衝突」。http://www.xizang-zhiye.org/gb/xzxinwen/0301/index.html#030107.2（二〇〇三年十月十五日閲覧）

column③

僧坊解体・撤去事件と日本の報道

当時、日本のマスコミがラルンガルの僧坊解体・撤去事件を報道した形跡はない。

私が確認した記事は、雑誌「AERA」が掲載した「『宗教弾圧』をビデオで告発　中国『信仰の自由』の真相」[清水2002]のみであった。これはチベット僧が僧坊破壊の様子を撮影したビデオテープを、ラルンガル訪問中のある日本人青年に託した内容の記事である。

私は日本人が持ち帰った映像を知人の紹介で実際に見る機会があった。記事が論じているとおり、間違いなくラルンガルのものであった。

堀江義人（元朝日新聞社記者）は、著書『天梯のくに　チベットは今』の中で、事件と漢人修行僧の関係、そしてジグメ・プンツォ学院長逝去について紹介しているが、記述内容は断片的である。その理由は、中国では外国人記者の現場取材に多くの制約があるため、堀江が記者として政治的に「敏感」なラルンガルを取材することは許されなかったからだ。

解体する作業員（2001年）

日本で事件の報道がなされなかった理由はいくつか考えられる。ラルンガルがチベット自治区ではなく四川省の奥地に位置するため、ニュース価値が低いと判断したため。報道機関による事実関係の把握が不十分であったため。政教関係の記事は中国政府を刺激し、他の重要な取材に支障が出ることを懸念した、等。

その他では、『NATIONAL GEOGRAPHIC日本版』が二〇〇二年に、「チベット　新時代の息吹と宗教」と題する小特集の中で、チベットに押し寄せる経済と信仰の変化を紹介した。そして、写真のキャプションの中に「中国は最近、この学院から数千人の僧侶や尼僧を追放した」と記し、粛正事件には触れたが、僧坊破壊の写真は載らなかった[ルイス2002:60-61]。

ついにラルンガルへ

乗り合いトラクターの男の誘い

二〇〇一年十二月、私は破壊された僧坊が累々と横たわる墓場のような光景を横目に、はじめてラルンガルに足を踏み入れた。

3-11　ラルンガルへ向かう乗り合いトラクター（2001年12月筆者撮影）

ラルンガル入口付近で便乗したトラクターが学院中心部の大経堂《だいきょうどう》前に停車したのは、ちょうど午前十時頃であった。谷から吹き付ける寒風が頬を刺し、激しく砂ぼこりが舞い上がっていた。トラクターの荷台を握っていた両手の指はかじかんで思うように動かない。谷底から見上げたラルンガルは三方を僧坊群に囲まれており、その威風堂々とした姿に吸い込まれそうであった。

トラクターに乗っていた中年の男が「俺はこれからテンジン・ジャンツォ副学院長の僧坊を訪ねるので一緒に行かないか」と私たちを誘った。五台山から来たという尼僧は、「副学院長は健康がすぐれないから遠慮します」と言い残すと、その場をゆっくりと立ち去った。

テンジン・ジャンツォは馬爾康《マルカム》から色達《セルタ》に向かうバスのフロントガラスに大きな写真が貼られていた高僧である。化身ラマへの謁見という、またとない幸運に恵まれたため、私は二つ返事で男の誘いに応じた。

3-12　テンジン・ジャンツォ副学院長の執務室（2001年12月筆者撮影）

男は大経堂前で見かけた漢人の僧から副学院長の僧坊の場所を確認すると、大きなボストンバック二つとリュックサックを持ち、谷間沿いの細い道を東の方向に百メートルほど歩いていった。土壁に囲まれた僧坊の外観は質素であり、一見して高僧の住居とわかるものではなかったが、屋根の上に太陽光蓄電パネルが設置されていたことが印象に残っている。

門を叩くと若い従者が出てきた。男は面会を願い出たが、従者は「先生は休養中なので明日出直してくれ」と答えた。男は丁重に、「大連の寺から紹介状を預かってきたので、今すぐ取り次いでいただきたい」と伝えた。われわれはしばらく待たされた後、従者が高僧の部屋へと案内してくれた。

副学院長テンジン・ジャンツォ

大連から来た男が訪れたテンジン・ジャンツォ副学院長（一九六八～）は、四川省阿壩《アバ》州紅原県の出身。十七歳で出家した二年後、一九八七年山西省の霊山である五台山でジグメ・プンツォ学院長と出会い、メワ寺から仏学院に招聘され、ケンポ（学堂長）の学位を得た。それ以後、ジグメ・プンツォ学院長の補佐役を務めてきた(1)。

私たちが案内されたのは、ジャンツォ師の寝室を兼ねた執務室であった。壁一面の書架に多数の経典と書籍が収められ、仏具や仏像が置かれていた。部屋の隅にはパソコンもあったが、二〇〇一年当時ラルンガルにインターネット環境は整っていなかった。ジャンツォ師は執務室南側に設置された日当たりのよいテラスで身体を横たえていたが、われわれの来訪を快く迎えてくれた。

「もともと身体が強い方ではないが、ここ一、二年の間にいろいろあって疲れが抜けなくなってきた」と流暢な漢語をしゃべりながら、笑みを絶やさなかった。ラルンガルに降りかかった政治的混乱による心労から、体調をくずしていたのだ。

ジャンツォ師は色白で頬が少しこけていた。男はリュックサックを開け、大連から持参した漢方薬と紹介状を取り出してジャンツォ師に手渡した。そして、ラルンガルでの修行許可を得るための灌頂《かんじょう》を受けたいと願い出た。するとジャンツォ師は男の頭に手をかざし、数分間経文を唱えた。男は出家の覚悟を伝えたが、ジャンツォ師は「最低一年間、ここで仏教を学んでから決断するように。住居の問題は漢僧の責任者と相談してほしい。修行に焦りは禁物だ」と諭した。

その男は若い頃、日本企業の進出がめだつ大連で、貿易業務を通じて祖国の発展に貢献する夢を持っていた。しかし、卒業後夢は叶えられず、大連郊外の中学校で教師をしていた。彼は私に「教師をしていた二十年の間に、政治はまずまず安定し、生活は豊かになりました。しかし、拝金主義が強まる中で、だんだん人を信じられなくなってきました。しだいに疲れがたまり、心に大きな穴があいてしまったのです。その穴をふさいでくれるのはジグメ・プンツォ学院長しかいないと考えたのです」と語った。

濃密な時間

男は「自分の用件は終わったので、ジャンツォ師にあいさつを」と言い、後ろへ下がった。私は五体投地の礼を行ったあと、カバンからカメラのフィルムを数本取り出して献じた。そして自分は日本から来た教員であり、十年前からカムやアムド地域の宗教状況を調査していることを漢語で伝えた。

いろいろ質問したいことがあったが、次の三つにしぼって訊いてみた。テンジン・ジャンツォ副学院長の言葉は私が要約したものである。

私　トラクターでラルンガルへ上がる途中、多数の僧坊が破壊されている光景を見た。学院と公安当局の間で動乱が起こったのか。

副学院長　政府から強い指導があり、二〇〇〇年と二〇〇一年に僧坊の一部が撤去されたのは事実である。放逐された尼僧の今後の生活については大変心を痛めている。指導期間中、多くの学僧は抵抗することなく、教師の教えを守り冷静な態度をとった。学院長の方針により、私も嵐が過ぎ去るのをじっと待った。僧は読経《どきょう》と瞑想を欠かすことなく、修行に励んだ。今回の騒動は決して動乱ではない。私たちは抵抗していないのだから。仏学院が存続するためには、政府との関係を慎重に考えなければならない。現在学僧の生活は落ち着いており、学院の運営に問題はない。一人一人が動揺することなく、しっかり修行することがなによりも大切である。
私　外国人の出家者や信徒は今もラルンガルに留まっているのか。
副学院長　外国人の修行情況については答えることができない。
私　ジグメ・プンツォ学院長への謁見は可能か。
副学院長　学院長は現在、都市部の病院で療養中だ。

大連から来た男は、後ろから私の腕を引っ張りながら、話を切り上げるようにと急《せ》き立てた。副学院長であるテンジン・ジャンツォはラルンガルを預かる責任者として、外国人に不用意な発言をすることは許されない立場にある。事件を引き起こした直接の原因も尋ねたが、返事はなかった。言葉を選びながら丁重に応対するその表情には苦渋が満ちていた。

われわれが副学院長の部屋にいたのは三十分ほどであった。部屋を出ると、先ほどの従者が「他に何か手伝いをすることはあるか」と訊いてきた。「今晩の宿泊先を世話して欲しい」とお願いすると、従者が「副学院長はトラブルに巻き込まれないうちに、早く成都へ戻るようにとおっしゃっている」と答えた。

僧坊を出た後、濃密な時間を過ごした私は軽いめまいを覚えた。

(1)「丹増嘉措活仏略伝」。http://buddha.nease.net/browse/zhuanji/hf_dzjc.htm（二〇〇三年九月十日閲覧）

column ④

漢人信徒のウェブサイト「白蓮花《びゃくれんげ》」

テンジン・ジャンツォ副学院長に師事する漢人信徒が運営するウェブサイト「白蓮花《びゃくれんげ》」のトップページには、ラルンガルを象徴する巨大な仏塔とジグメ・プンツォ学院長の肖像が配置されている。

サイト内には、一九九七年にテンジン・ジャンツォが漢人居住地区で行った弘法《ぐほう》活動の動画「九十年代的丹増《テンジン》活佛（九十年代のテンジン活仏）」が収められている。信徒の自宅と思われる場所での説法会《え》、仏教の戒律「殺生《せっしょう》戒」に基づき捉えられた鳥や魚を野や川に放つ放生会《ほうじょうえ》の場面が収録されている。ジャンツォ師を出迎えた車のナンバープレートに「遼」の字が見えることから、遼寧省在住の漢人信徒が招待したと推測できる。先の男の出身地である大連市は遼寧省南部の都市であり、一九九〇年代後半の時期に遼寧省ではラルンガルの高僧に師事する信徒組織が存在していたことを示す貴重な映像資料である。

漢人信徒の住む遼寧省で弘法活動を行うテンジン・ジャンツォ（1997年）

同サイト内には、テンジン・ジャンツォがアフリカのケニア（二〇一二年）やヨーロッパ（二〇一三年）を訪問した時の写真も多数紹介されており興味深い。右の写真はケニアの学童にボールペンをプレゼントしている場面である。ラルンガルの高僧とアフリカでの公益活動の関係は、本書１９０頁「ラルンガルの後継者たち」を参照いただきたい。

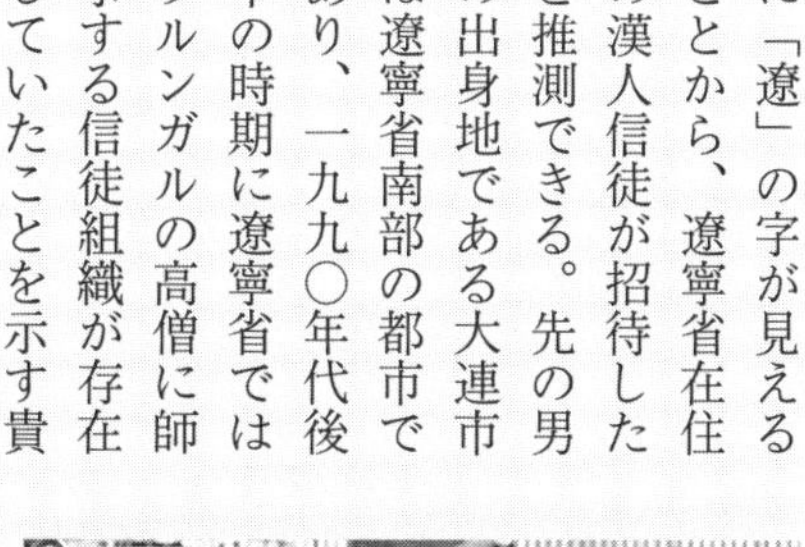

アフリカで社会貢献活動を行うテンジン・ジャンツォ（2012年）

日常と非日常の間《はざま》で暮らす学僧たち

招かれざる客

3-13　ラルンガルを統制する政府当局の管理棟（左、2001年12月筆者撮影）

二〇〇一年十二月、ラルンガルの入口には「観光客立入禁止」「写真撮影禁止」の立て札があった。先に紹介した通り、二〇〇〇年から二〇〇一年の間にラルンガルは粛正事件に見舞われ、学院の周囲は非日常の事態を告げる冷気に覆われていた。この時、ラルンガルへ向かう私の足取りは重かった。その年の夏、ある日本人が容赦なく門前払いを受けていたからだ。

　不穏な空気に包まれた学内を歩いていると、通りにある商店の漢人風の男が「本部にある朱色の建物に近づかないように」と忠告してきた。どうやらそこにはラルンガルにとって「招かれざる客」が駐留する事務所があるらしい。店の男は、私を在家信徒ではなく漢人観光客と見なしていたようである。

　私のラルンガルに対する第一印象は、総じて言えば、日常に近い生活が送られているということであった。だが正確に言えば、学僧たちは間違いなく日常と非日常の間で不安な日々を送っていた。ラルンガルに到着した当日、私はテンジン・ジャンツォ副学院長への謁見を終え、大連から来た在家信徒と別れた後、北側の丘の上に建つ「招待所」へと向かった。招待所は仏学院が直接管理・運営する簡易宿泊所である。ラルンガルに宿泊所があるという情

3-14　出家者、在家信徒、チベット人来訪者が宿泊する簡易宿舎（右奥、2001年12月筆者撮影）

3-15　僧坊群を一望できるラルンガルの旧招待所（2004年8月筆者撮影）

報は、色達《セルタ》の町で出会ったチベット人から得たものだ。

木造三階建の招待所は、土を固めた白い外壁が特徴的であった。外観は殺風景であったが、窓の外枠はチベット様式を意識したデザインを採用していた。部屋数は廊下を挟んで南側と北側に各六十室、合計百二十室。僧の話では、一九九八年頃に完成したとのこと。

正面玄関を入ると、すぐ左手に受付を兼ねた管理人室がある。招待所の管理を任されているのはチベット人の尼僧であった。漢語が通じることを確認した後に宿泊を申し出たところ、三階南向きの三人部屋に案内してくれた。料金は一人十元（約二百円）。部屋と廊下の床は簡素な床張り、階段も木製であり、歩くとミシミシと音が鳴った。尼僧の服務員は「相部屋をお願いすることもある。施錠の必要はない。トイレは屋外にある。学院内の写真撮影は控えるように」と一通り説明した後、一階へ戻っていった。

室内には木製のベッドが三台あり、ピンクのシーツ、薄手の毛布と掛け布団が置かれていた。電灯は三十ワットの裸電球が一つあるだけ。部屋には空調もコンセントもお湯のサービスもない。窓際のポットは尼僧の服務員が二元（約四十円）で準備してくれたものであり、中にはお茶が入っていた。図3－15に掲げた通り室内は極めて質素であったが、当時の学院の財政状況を考えれば十分にありがたい宿であった。私は窓の外に広がる巨大な僧坊群を眺めながら、しばしの間至福の境地に浸った。

ただし、夜の寒さは骨身にこたえた。建て付けの悪いガラス窓の隙間から冷気が容赦なく吹き込み、呼吸のたびに鼻の粘膜が震えるのを感じた。手帳に文字を書く際、指がかじかんで思うように動かず、薄暗い灯りでは文字の判読もままならない。十二月末の日没時刻は十八時半から十九時頃であった。

夜、招待所の窓から外を眺めると、多くの僧坊に小さな灯りが確認できた。電力事情が悪い色達《セルタ》県では停電が日常化しているが、「政府はラルンガルに優先的に送電する」と聞いたことがある。かつて県内で大規模な土木工事を行った際、ジグメ・プンツォ学院長の祈祷により難工事を無事に乗り越えたという逸話に基づく。

ラルンガルは海抜約三千八百メートルに位置するため、ふだん低地に暮らす私たちは低圧と低酸素が原因で睡眠障害に悩まされることがある。ラルンガル最初の夜はなかなか寝付くことができず、ウインドブレーカーを重ね着したまま目を閉じてじっとしていた。すると夜半にネズミが室内を走る音が聞こえた。どうやらネズミはドアの隙間から自在に出入りしているらしい。朝目覚めた時に靴を履こうとすると、靴の中に乾麺が十本ほど入っていた。深夜、招待所で長期滞在中の漢人信徒や尼僧の部屋からネズミが運んできたものだ。ラルンガルのネズミから届いた思いがけない贈り物に思わず頬がゆるんだ。

3-16　ラルンガルの給水所「龍泉水」を利用する学僧たち（2010年8月筆者撮影）

龍泉水とバター茶

ラルンガル構内に上下水道の設備はないが、商業地区の北側に「龍泉水」という名の共同の水汲み場がある。この井戸水は零下二十度の厳寒期でも水が凍ることはないそうだ。ラルンガルの生活を支える生命の泉は、全居住者の共有財産である。その他、僧居住区の東側斜面の奥にも、別の水源を確認したことがある。学僧たちはサラダ油が入っていた使用済みのプラスチック容器に水を入れて僧坊まで運んでい

3-17　お湯や茶を沸かすラルンガル名物の大釜（2004年8月筆者撮影）

る。

龍泉水について次のような言い伝えがある。一九九〇年代にラルンガルで修行中の数人の漢人信徒が寝具のシーツをここで洗っていた。その際、洗剤の混じった汚水が井戸に流れ込んだため、水の神が怒り彼女たちに罰を与えた。その直後、信徒たちはみな激しい頭痛に襲われ七転八倒の苦しみを味わった。事態を重く見たラルンガル高僧の一人ルント・リンポチェ（一九五五～）は、彼女たちを諌《いさ》めて経を唱えたところ、頭痛はまたたく間に消え去ったとのこと［陳暁東1999:159－160］。

龍泉水の近くには、複数の大きな釜が設置されている。この大釜はバター茶を沸かすためのものである。担当の僧尼が毎日決まった時刻にバター茶を沸かすと、学僧や信徒たちはヤカンやポットを持参してお茶を持ち帰る。各僧坊では炊事と暖房を兼ねたストーブで温め直すことができる。空気の乾燥したチベット高原の民は、一日に何杯もバター茶を飲み、不足がちなビタミンやミネラルを補給する。バターはヤクのミルクから作ることができるが、茶葉は四川や雲南から運ばれてきたものである。大釜担当の尼僧はラルンガルを訪問した外部の者にもバター茶を振る舞っていた。

僧坊の暮らし

ラルンガルは学問の場であり、修行の場であり、生活の場でもある。学僧は各自の僧坊を所有している。学院の許可を受けて新築したものもあれば、中古物件を同郷の学僧から譲り受けたものもある。外観は木材を組み合わせたログハウス風のものが多い。木材には袈裟《けさ》と同じ緋色《ひいろ》(深紅色)のペンキがうすく塗られている。建築費を抑えるため、躯体と屋根には木材を用い、壁は土を押し固めたタイプのものもある。

学僧の中には東チベット各地の寺院から修学に来たトゥルク(化身ラマ)と呼ばれる者もいる。青海省から来たトゥルクの部屋を訪ねると、僧坊内には作り付けの家具、立派な書架、DVDプレイヤー、ノートパソコン等がそろっていた。トゥルクは「寺から二ヵ月に一度三千元(約六万円)が送金される。恵まれた生活ではあるが、高度な学問の習得を期待されているため常にプレッシャーに向き合っている。ラルンガルで学ぶ五年間は緊張の連続だ」と心情を漏らした。

生活レベルは各自異なるが、一般的な僧坊は「1K」つまり居室が一つと台所からなる。居室の床にはビニールシートまたは厚手の絨毯《じゅうたん》が敷かれ、木製の簡易ベッド、収納棚、書架等が置かれている。ベッドは就寝のみならず、読経、瞑想、読書の時にも用いられる。台所にはストーブ兼コンロ、水桶、薪《まき》があり、プロパンガスを使用する者もいる。僧坊内にシャワーやトイレの設備はない。ラルンガルは夏でも気温は五度から二十五度と一日の高低差が大きく、しかも湿度が低いため、シャワーを必要としない。夜間は夏でも暖房が欲しいほどだ。トイレは僧坊前の狭い庭で済ませることが多い。

僧坊は一人で使用する者もいれば、二、三名で共同利用する者もいる。新築許可が得られない、または経済的な理由から僧坊をシェアする者も多い。稀《まれ》な例であるが、同郷や親類の十歳前後の少年僧と暮らす僧もいる。現在の中国の宗教管理では少年の出家は認められていないが、ラルンガルには学籍を持たない少年僧が少数いるこ

3-18　高僧の法話を収めたカセットテープを販売する僧（2001年12月筆者撮影）

3-19　尼僧居住区内の売店にはケサル王とラルンガルの高僧のポスターが飾られていた（2001年12月筆者撮影）

とも事実である。

ラルンガルの商店事情

ラルンガルには、学僧の生活を支えるための商業施設や店舗がそろっている。二〇〇一年と二〇〇四年に確認したものを以下に紹介する。

⦿八百屋・果物屋　四川省甘孜《カンゼ》州の中心地・康定《カンディン》の商人がトラックに野菜と果物を満載して売りにくる。一週間で商品は売り切れるという。付近の村人が野菜を売りにくることもある。野菜は人参、キャベツ、白菜、ほうれん草、大根、ピーマン等。果物はリンゴ、ミカン、バナナが中心である。

⦿肉屋　二〇〇一年に牛肉を売るチベット人の露店を見かけた。肉を食べる僧もいれば食べない僧もいる。約二十キロメートル離れた色達《セルタ》の市場へ買いにいく者もいる。ラルンガルの高僧ケンポ・ソダジやツルティム・ロドゥは学僧に肉食を控えるよう指導している。理由は動物の殺生を禁じる仏教の教えが主たるものであるが、全面的に禁止しているのではなく、学僧の判断に任されている。

⦿食品・雑貨屋　学院内に学僧や漢人信徒が運営する複数の店舗がある。食品はインスタントラーメン、ソーセージ、菓子、調味料、炭酸飲料、米、小麦粉等。雑貨は生活雑貨が中心であり、鍋、懐中電灯、ローソク、トイレットペーパー、傘、靴、僧衣、下着等である。

3-20　バザールで高僧の写真とポスターを売る男（2001年12月筆者撮影）

⦿書店・カセット・VCD屋　仏学院本部が運営し、チベット語の仏教書や教科書、経典等を販売する。高僧の読経や説法が録音されたカセットテープ、ビデオCD（CD－ROMに動画や音声を記録）が販売されていた。

⦿食堂　二〇〇一年に二件、二〇〇四年に三軒確認できた。信仰を持つ漢人信徒が経営している。主食は饅頭《マントウ》（蒸しパン）、水餃子、チャーハン。副食は季節の野菜の炒め物、たまごスープ等であった。調理にはプロパンガスを用いる。食材や調味料の輸送費が上乗せされるため、価格は高めの設定である。営業は昼食時と夕食時のみ。

⦿修理屋　漢人の業者が夏と秋にやって来る。修理対象は傘、靴、カバン、鍋など。

二〇〇一年に、高僧の法話を収録したカセットテープを販売する僧と雑談した時、「三年前から販売を任されている。ラルンガルへ巡礼に来た地方の客がたくさん買ってくれる。ここはラルンガルで最も幸せな空間だ。朝から夕方までジグメ・プンツォ学院長の説法を聴いていられるのだから。自分の苦しみが日々小さくなっていくみたいだ」と語った。ラルンガルには、師僧が常に身近にいることによる安心感があふれていた。

毎月十日に開かれるバザール

二〇〇一年十二月の朝、ラルンガルへ続く坂道でチベット人の親子と出会った（グラビア参照）。父親は「毎月チベット暦の十日にラルンガルで市が立つ。私たちはヤクの糞《ふん》を売りにいくところだ」と教えてくれた。あたりを見渡すと大きな荷物を背負ったチベット人が他にもいた。大きな鉄のコンロを抱えた青年も見かけた。

朝十時頃、ラルンガルの水路沿いの道に商人や個人が物を並べると、男女の学僧があっという間に集まった。靴、手提げカバン、リュックサック、鍋、釜、コンロ、ラジカセ、絨毯、書籍、高僧のポスターやバッジ等、品揃えは豊富である。ざっと見たところ、新品と中古品が半々である。コンロやラジカセなど中古品の値段は交渉で決まり、物々交換も可能である。

売り場は男女別に分かれているが、買い物に夢中なのはやはり尼僧である。まるで芋を洗うような混雑ぶりだ。買い手の付かないボロ靴や中古衣料品を尼僧に無料で譲る場面も見た。チベット人同士の助け合いの心を垣間《かいま》見て、思わず心が和んだ。

このように学院内では穏やかな修行生活が営まれているように見えたが、学僧たちは次なる〝魔の手〟の襲来を予感して心を痛めていた。本来、数百名いるはずの漢人出家者や信徒の姿はまばらであった。身の危険を感じて自ら避難した者もいれば、強制的に退去させられた者もいると聞く。

column⑤

チベット亡命政府から見たラルンガル

二〇〇〇年から〇一年にかけて、ラルンガル粛正事件が発生した際、日本でチベットに関心を持つ者の間でも話題にのぼることは少なかったようだ。ラルンガルの認知度が低く、事件の詳細や原因がはっきりせず、現場の写真があまり出回らなかったからだ。

僧坊破壊の写真が書籍を通じて人々の目に触れるようになったのは、二〇一〇年以降である。手持ちの資料の中で僧坊破壊の写真を掲載しているのは、以下の四冊である。

①『希望——チベット亡命50年』[ラクパ・ツォコ2010:71]

②『魂牽雪域半世紀——図説西藏流亡史』[跋熱・達瓦才仁暨雪域智庫2011:75]

③『西藏文化絶滅六十年——第三方観察家対西藏局勢全景解析』[国際声援西藏組織2013:口絵]

④『浴火重生——西藏五明仏学院盛衰実録』[色達・慈誠2014:口絵]

①はダライ・ラマ法王日本代表部事務所、②〜④は台湾の雪域出版社が発行したものである。雪域出版社は、ダライ・ラマ西藏宗教基金会（ダライ・ラマ法王台湾事務所に相当）と連携した出版社であり、チベット問題に関する書籍を二十数冊出版している。そして①と②はダライ・ラマのインド亡命五十周年を記念した写真資料集である。四冊の中で粛正事件の現場写真を最も多く掲載しているのは④である。

ダライ・ラマ西藏宗教基金会が作成した亡命50周年記念写真資料集

四冊はいずれもラルンガルを中国共産党の宗教弾圧を示す事例としてのみ扱っている。チベット亡命政府の置かれている立場を考えればやむを得ないことであるが、ラルンガルは講習所創設以来、比較的順調に発展を遂げ、東チベットの教学拠点、そして社会インフラと認知されてきた。したがって、ラルンガルを地獄絵図の中に描く宣伝手法は一面の真実を伝えているが適切とは言えない。ラルンガルの誕生と発展の歴史の中にこの粛正事件を位置付けることが大切である。

第4章　ラルンガルを目指す人々

＊ラルンガルで出家の準備を行う漢人女性信徒の宿舎（2011年8月筆者撮影）

『ニンマの紅い輝き』

漢人信徒を取材し発禁処分

二〇〇一年の初訪問でラルンガルに心を射抜かれた私は、二〇一二年までにに計六回現地調査に出向いた。私をラルンガルに駆り立てた理由が二つある。

一つは、衝撃の粛正事件を目撃後、ラルンガルの奥底に渦巻く政治と宗教の関係を探るためである。なぜラルンガルはこれほど大規模に発展したのか。なぜ僧坊が大量に破壊されたのか。なぜ部外者の立ち入りを制限し、写真撮影を禁止するのか。

4-1　発禁処分となった『ニンマの紅い輝き』

もう一つは、ラルンガルを目指す漢人信徒の新たな信仰のうねりを観察するためである。漢人はどのようにしてラルンガルの存在を知ったのか。なぜここで出家するのか。チベット語を解さない漢人がどのようにして仏教を学ぶのか。一九九七年に長《おさ》田《だ》幸康《ゆきやす》がラルンガルで目撃した千人もの漢人はどこへ消えたのか。

そして、先に紹介した「重慶の男」と「大連の男」はなぜ漢人でありながらラルンガルを目指したのか。その謎を解き明かすためのヒントが、『ニンマの紅い輝き』［陳暁東1999］という、一九九九年に中国で「出版」されたルポルタージュに隠されている。

私がこの作品の存在を知ったのは二〇〇一年であるが、実際に作品を読むことができたのは、「普渡衆生《ふどしゅじょう》（生きとし生けるものを救って彼岸へ導く）」というウェブサイト上であった。[1] その後、二〇〇五年に作者陳暁東《ちんぎょうとう》の個人サイトにも掲載された。[2] つまりこの作品はインターネット上でのみ読むことが許されていた。その理由は国家新聞出版署（全刊行物を管理する中国国務院直属の部署）が発禁処分を下したからだ。

正確に言えば、版元の甘粛民族出版社が一九九九年に六千冊を印刷し、一部が書店に出回った直後に発禁処分となった。[3] 私はこの作品の存在を知ってから中国で書籍を探し求めたが、入手は容易ではなく、二〇一〇年に中国の古書店でようやく購入することができた。中国ではこのように、発禁本が一定の期間を経た後、古書として販売されることもある。この発禁処分のニュースをいち早く伝えたのは、ワシントンの漢語ニュースサイト「小参考」（第四四〇期）であった。[4]

4-2　陳暁東（左）。ラルンガルのジグメ・プンツォ僧坊にて。生前のジグメ・プンツォと（1995年）

陳暁東の闘い

著者の陳暁東は一九五〇年上海生まれ。復旦《ふくたん》大学卒業後、政府機関勤務を経て、一九八七年に上海作家協会に入った。一九九二年に済塵《さいじん》法師（一九〇二～二〇〇二）に師事した後、何度も東チベット各地の信仰の現場を訪ねて歩いた。彼とラルンガルを結びつけたのは、済塵法師が十七歳で出家した成都の昭覚寺である。チベットの僧が成都に立ち寄る際、昭覚寺を訪問することが多く、ジグメ・プンツォもその一人である。陳暁東とラルンガルを結びつけたのも昭覚寺であった。

こうして彼は一九九五年八月にラルンガルへ取材に赴き、複数の漢人信徒から聞き取り調査を行った後、一九九六年に『ニンマの紅い輝き』を書き上げた。そして、翌一九九七年夏にラルンガルを再訪し、高僧たちの意見を参考にして修正を重ねた。著書にジグメ・プンツォ学院長とテンジン・ジャンツォ副学院長が寄せた「推薦の言葉」があることから、陳暁東とラルンガルの密接な関係がうかがえる。

一九九九年七月、陳暁東は発禁処分を不服とし、北京市第二中級人民法院（日本の地方裁判所に相当）に提訴したが却下となった。続いて十月に北京市高級人民法院（日本の高等裁判所に相当）に上訴したが再び却下された。[5] 中国は立法・司法・行政の三権を立法府に集中した体制を維持し、三権分立制を採用していない点が日本と異なる。そして司法機関のトップには中国共産党員が就任している。

『ニンマの紅い輝き』は中国共産党の宗教政策を批判した内容ではなく、ダライ・ラマ十四世への支持を表明したものでもない。私は政府が発禁処分を下した理由は三つあると考える。

⑴漢人信徒の動向　作品には都市部の漢人知識層がチベット仏教に傾倒するさまが詳細に描かれている。チベット仏教徒である作者は、聴き取り調査に基づき、事例をあげながら共感をもって彼らの信仰を肯定的に描き出した。中国政府にとって知識人の出家は社会の損失であり、都市部の漢人の間にチベット仏教が浸透する傾向に危機感を持ったのである。

⑵江沢民《こうたくみん》をめぐるトラブル　陳暁東には「前科」がある。[6] 彼は上海市党委員会に勤務していた頃、同僚と「われわれの目に映った江沢民」という文章を発表した結果、批判を受け左遷の憂《う》き目にあった。一九八〇年代に上海市長と上海市党委員会書記を歴任した江沢民の家庭生活に触れたことが原因であった。続いて一九九三年に「八〇年代上海文壇の内幕」と題する原稿をオークションに出品する際、彼は上海駅で身柄を拘束された。作品の中に江沢民批判の文言が含まれていたからだ。その後、一九九四年に国家重要機密漏洩《ろうえい》の罪で党籍剥奪の処分を受けた。

⑶法輪功《ほうりんこう》問題　政府が発禁処分を検討中の一九九九年四月二十五日、法輪功の信者約一万人が北京の天安門と中南海《ちゅうなんかい》（中国共産党の要人居住区）周辺で座り込みを行い、朱鎔基《しゅようき》総理（一九二八〜）に面会を求める事件が起こった。民衆の自発的な大規模抗議デモが党と政府に強い衝撃を与えたため、江沢民は組織を非合法化し、全国の信者

を逮捕するよう指示を出した。気功集団「法輪功」が仏教の要素を取り入れていること、李洪志《りこうし》（一九五一〜、アメリカ在住）代表の指導力が強大であること、都市部のメンバーが連絡にコンピューターネットワークを活用したこと、組織に知識人・元軍人・元公安関係者等が加わっていること等、ラルンガルの漢人信徒と法輪功の間には類似点があるため、法輪功問題が間接的に影響を与えたと考えられる。

4-3　陳暁東が撮影した1995年当時のラルンガル（『寧瑪的紅輝』口絵）

書名に込められた隠喩

書名『ニンマの紅い輝き』の「ニンマ」（寧瑪）はチベット仏教ニンマ派を指しており、「紅い輝き」には二つの意味が込められている。一つはニンマ派の漢語名「紅教」「紅帽派」であり、もう一つは漢語の「紅」が持つ「人気がある」「認められている」という意味である。

ラルンガルはニンマ派を中心にチベットの学問と文化を教授する学院であり、初代学院長のジグメ・プンツォは多くのチベット人、モンゴル人、漢人から尊敬を集める高僧である。つまり書名には、「チベット仏教ニンマ派の信仰と学問を通じて、チベット人と漢人の心が通じ合った輝き」というニュアンスも読みとることができる。

二〇一〇年以降、実際にラルンガルを訪問した者は、僧坊群の真っ赤なトタン屋根や丸太を組んだ外壁が太陽光に照らされて「紅く輝く」さまを思い浮かべることだろう。ただし、陳暁東がラルンガルに赴いた一九九五年当時、各僧坊の屋根は、板張りの上にビニールを敷きその上に土を載せていたため、ラルンガル全体は黄土色や薄茶色を基調としていた。

陳暁東が撮影した当時のラルンガルの貴重なカラー写真が作品に収められている。私の脳裏に残るラルンガルの姿も、現在のような燃える赤ではなく、この写真と同じく土の色である。写真から尼僧経堂《きょうどう》の東側に広がる草地の広場、経堂や本部に送電する電柱と電線、南側の丘に建設途中の仏塔が確認できる。僧坊は密集せず比較的ゆったりとした間隔で建てられている。おそらくこの中に、漢人信徒が修行する漢僧経堂があるはずだ。

(1)「普渡衆生」。http://buddha.nease.net/browse/xueyuanjianjie/nmdhh_1.htm（二〇〇三年九月十日閲覧）
(2)陳暁東個人ブログ。http://www.c-xd.net/nmdhh（二〇〇五年三月二十三日閲覧）
(3)奥付を示す。責任編集：趙蘭泉、封面設計：徐晋林。出版発行：甘粛民族出版社（蘭州第一新村一二三号）。印刷：甘粛地質印刷廠。字数：二〇〇〇〇〇。一九九九年二月第一版。一九九二年二月第一次印刷。印数：一～六〇〇〇。定価：十六元。ISBN7-5421-0643-0/I・148。
(4)「中共緊急査禁上海陳暁東的長篇報告文学《寧瑪的紅輝》」『小参考』第四四〇期（一九九九年五月三十一日）.http://www.bignews.org/990531.txt（二〇〇五年三月十二日閲覧）
(5)陳暁東「我的人権在哪里?.」。http://bjzc.org/bjs/bc/86/32（二〇〇五年三月十二日閲覧）
(6)「陳暁東簡介」。http://www.ncn.org/zwgInfo/0005/47-80.htm（二〇〇三年九月十日閲覧）

漢人たちはなぜラルンガルを目指すのか

陳暁東は一九九五年にラルンガルを訪問し、ここで修行を続ける漢人が語る人生を書き留めた。ルポルタージュ『ニンマの紅い輝き』は、これら漢人のライフヒストリーを記述した作品であり、チベット仏教を学びたいという彼らの熱量が具《そな》わっている。一読後、彼らに仏門入りを決意させたものは「生きる拠《よ》り所を探す」「金銭以外の豊かさを求める」「苦悩と向き合う」「信頼を回復する」という思いであることがわかった。一九九五年にラルンガルで師僧の説法を聴き、自問自答を重ねる漢人出家者の姿を刻んだ作品として後世に記憶されることだろう。
以下にこの本に登場する二人の漢人僧の略歴を紹介する。

袈裟をまとった電子技術者、圓晋《えんしん》

圓晋《えんしん》はラルンガルで「電子専家」（電子技術の専門家）と呼ばれている。

幼少時より虚弱体質であり、家でテレビやラジオ等の家電を分解して遊んでいた。学校の成績は優秀、大学では電子工学を専攻した。彼の身体を心配した友人の兄が気功治療を試みたところ、体調が好転。友人の兄から仏教や道教の話を聞くうちに、彼はしだいに仏教に目覚めていった。大学在学中、ある寺に出家を願い出たが、住職は勉学を続けるようにと諭した。大学卒業後は兄の勧めに従い、北京で技術系の職に就いた。

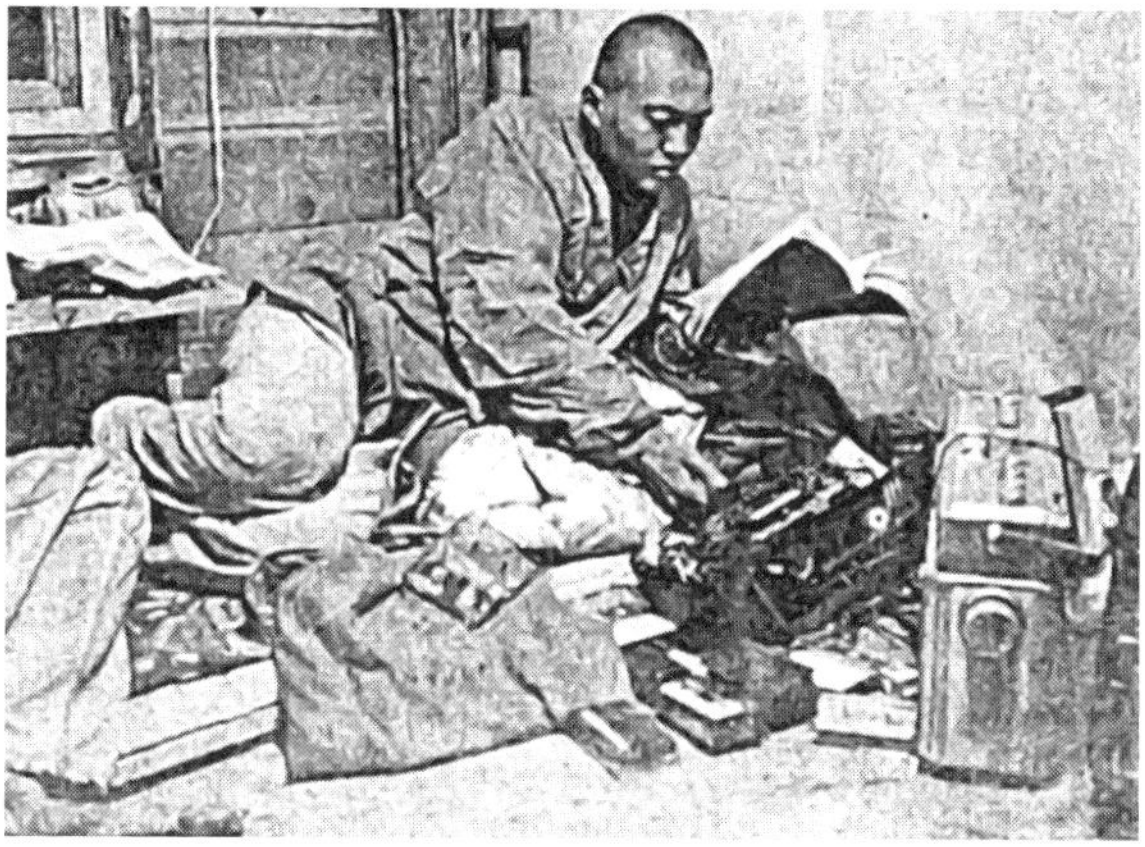

4-4　僧坊の寝床で講義の録音を聴く圓晋（『寧瑪的紅輝』77頁）

一九九四年のある日、転機が訪れた。仏門をめざす友人から、成都までの鉄道切符の手配を頼まれた。友人が北京に到着すると、二人は積もる話で一夜を語り明かした。友人が向かう先はラルン五明仏学院。この時、友の固い決意が圓晋の心を大きく揺さぶった。翌朝出勤後、突然会社に辞意を伝え、友人と成都行きの列車に飛び乗ったのである。その後、バスを三日間乗り継いで色達《セルタ》の洛若村《ヌブシク》で下車した。季節は冬、雪が激しく舞い、気温は零下十数度。二人は重い荷を背負って、ラルンガルへの道を歩いた。

ラルンガルでは、出家を志す漢人に四ヵ月間の準備期間を求めているが、二人の決意が固いため、一ヵ月足らずで彼は「圓晋」、友人は「圓守《えんしゅ》」の法名《ほうみょう》を授かった。圓晋が電子関連の技術者であることが知れると、学院内の内線電話、コピー機、ディーゼル発電機等の設置と保守点検、学院長の講義の録音、学僧が所有するテープレコーダーの修理等の仕事が次々と舞い込んできた。あまりに多忙で授業を欠席せざるをえないほどだった。

チベット高原では夏場、頻繁に落雷があるため、電話や変圧器がよく故障するが、僻《へき》地ゆえ満足に修理部品も手に入らない。こうした電子関連の仕事はすべて圓晋のボランティアであるが、彼にとっては大切な修行の一環でもある。圓晋の収入は学院長から毎月支給される八十元（約千六百円）のみであった。

情報通信のプロフェッショナル、圓宏《えんこう》

あるとき、陳暁東は圓晋から圓宏《えんこう》という漢僧を紹介された。二人はラルンガル中心部にある漢人が経営する食堂で話をすることになった。食堂の主人は仏教を学ぶ目的でラルンガルへ来たのだが、仏学院の委託を受けて食堂を運営しながら仏法を学ぶ道を選んだという経歴の持ち主である。

圓宏は一九九一年に某理系大学の大学院で数学を専攻したエリートである。卒業後、某郵電学院（情報通信分野の単科大学）でプログラム制御の仕事を二年間行った後、広東省の企業でシステムエンジニアの職に就いた。当時の広東省は経済発展が進み社会全体が豊かさを求めていた。ＩＴ関連の技術者には高収入が約束され、前途は明るいと感じた。しかし繁栄した社会を一皮むくと、経済的な豊かさの中にさまざまな不正、腐敗、不道徳といった危うさが潜んでいることに気づき、賭博やポルノがはびこる俗世間に嫌気がさしてきた。

圓宏は若い頃から仏教に興味があったので、郵電学院に勤務していた時、青海省の寺院を十数ヵ所巡ってみたが、信頼できる師僧に出会うことはなかった。そのような中、友人からラルン五明仏学院の存在を知り、一九九三年二十八歳の時にラルンガルへ向かった。

圓宏は仏学院での修行を通じて縁起、因縁、宿命、解脱《げだつ》、執着といった問題に一つ一つ向き合っていった。彼は教義の理解と並行して、身体感覚への関心も強めた。例えば厳寒期に百名を超す信徒が上半身の肌を寒気にさ

らしながら、漢人経堂では一日一時間、十日連続で呼吸を整え自然の中で自己を見つめる修行を続けた。彼はこの鍛錬を数ヵ月継続する中で、「科学技術が発展すればするほど、科学と仏法の親和性が高まる」、そして現代人にとって「仏法は智恵の入口であるだけではなく、快楽の入口でもある」という確証を得ることができた。

ラルンガルに来て一年後、彼は出家し「圓宏」の法名を授かった。彼は湖北省の出身、六人兄弟の末っ子である。息子の出家を知った父親は激怒し、体調を大きく崩したが、現在は安定しているとのこと。義兄は彼の進路を祝福し、生活資金を送ってくれることもある。

圓宏がラルンガルで得たものは、ジグメ・プンツォ学院長との信頼関係である。修行者と師僧を結ぶ信頼の絆こそが、ラルンガルという巨大な組織を支えているのだ。

陳暁東は圓宏のどっしりとした風貌を「悠揚《ゆうよう》迫らず」と表現した。つまり、ラルンガルで仏法を学んだことで、圓宏は沈着冷静に自己と社会を見つめることができるようになったのである。

4-5　つぎはぎだらけの袈裟をまとった泰然自若の圓宏（『寧瑪的紅輝』128頁）

漢僧のための共同学舎

ラルンガルの谷間には幾千もの僧坊がひしめき合っている。僧坊は個人所有が原則であるが、卒業後、知り合いの間で譲渡や貸借されることもある。作家の陳暁東はラルンガルに到着した当初、漢僧経堂で生活していた。その後、彼は上海医科大学の学生が借りていた僧坊に移り住んだ。大学生が九月の授業開始に合わせて上海へ戻ったからだ。布団はテンジン・ジャンツォ副学院長が借してくれた。

木材資源に乏しい色達《セルタ》では、僧坊建築に用いる資材の価格は年々高騰しているため、一つの僧坊に二、三人が生活す

4-6　1990年代に撮影された漢僧経堂（最前列の2階建、『心中燃起的時代明灯』30頁）

ることは珍しくない。僧坊建築の材料費と職人への報酬、それにストーブやベッド等の調度品、ビニールシートや壁紙といった内装費の出費を考えると、出家したくても経済的理由から出家できない場合もある。

では、所持金の少ない学僧は、どのようにして修行生活をスタートさせるのであろうか。方法は二つあるる。一つは、同じ師僧の弟子の僧坊で世話になる方法。もう一つは、漢人が共同で生活し修行する学舎、すなわち漢僧経堂に住み込む方法である。

漢僧経堂、数年で満杯に

ルポルタージュに登場する智誠の話によると、漢人僧は各自の手で斜面を切り開いた後、木材を買い簡素な僧坊を建てていった。木材の不足により、石を積み隙間を土で埋めて壁を作る者もいた。ラルンガルでは、経済的に余裕のない漢人の居住問題が持ち上がっていたため、ジグメ・プンツォ学院長の指示で、漢僧経堂の建設に着手した。約二十人の漢人が自ら基礎を掘り、石を運び、木材を担ぎ、梁《はり》を渡し、終日工事に明け暮れた。費用負担については不明であるが、学院本部から資金が提供されたと考えられる。

そして一九九三年三月、数百名の漢人を収容可能な経堂が完成した。正式名称は「漢僧顕密経堂」（漢人が顕教と

4-7　1990年代に漢僧経堂で講義を行うケンポ・ソダジ（『寧瑪的紅輝』61頁）

密教を学び生活するための経堂）。完成当初は十分な広さを持つと考えられていたが、その後わずか二、三年の間に経堂は増加した漢人であふれた。

図４－７は漢僧経堂にて漢語で講義を行う学堂長ケンポ・ソダジの姿である。写真からわかることは、受講生の多くがラルンガルでまだ出家していない通いの在家信徒たちであることだ。陳暁東がラルンガルで取材した一九九五年当時、漢人に占める出家者の割合は高くなかった。したがって名称は漢僧経堂であるが、実態は「漢人の経堂と宿舎を兼ねたもの」であった。

漢僧の世話人の話では、一九九一年当時、学院本部は漢人に毎月三十元（約六百円）の生活費を支給していた。その収入源は、チベット人の家で行う法事やラルンガルでの祈祷に寄せられた布施である。ところが、ジグメ・プンツォ学院長がシンガポールで弘法《ぐほう》活動を行って以後、シンガポール在住の居士《こじ》たちが多額の布施を行った結果、学院は漢人への支給を八十元（約千六百円）に増額したとのこと。また、ラルンガルでチベット人の葬儀である鳥葬を行う際、チベット僧が読経《どきょう》を行い、遺族から布施が渡される。鳥葬に漢僧は参加しないが、チベット僧の収入の一部が漢人に渡されることもあると言う。これも貧しい漢僧への経済的配慮の一例である。

column ⑥

文化人類学者が見たラルンガル

文化人類学者・阿部朋恒《ともひさ》は、二〇〇四年にラルンガルを経験した。当時大学生だった阿部は、青海省果洛《ゴロク》チベット族自治州瑪多《マドォ》県に小学校の臨時講師として半年間滞在。学校は黄河源流付近にひょうたんのように二つに並ぶチャリン湖、オリン湖のあたりにあった。標高は四千メートルを超え、農作物は一切育たないため、もっぱら牧畜を営む遊牧民が暮らす地域である。当時のことを阿部は次のように語っている。

私が滞在していた瑪多《マドォ》一帯にもラルンガルの僧が巡回説法に来ていた。若い僧は一つ一つテントをまわるが、高名な活仏が来た時は、噂を聞きつけた牧民が遠方から馬で駆け付けることもある。牧民たちはジグメ・プンツォを「セルタ・ラマ」と呼び、尊敬の念を抱いていた。牧民のテントには、ダライ・ラマ、パンチェン・ラマと並んで、ジグメ・プンツォの大きな写真が飾られていた。彼らはアムド式のチベット服ウォラの下に着るシャツに、人気のある活仏のバッジをつけていたが、ジグメ・プンツォのバッジもよく見かけた。ゴロク地方では、「セルタ・ラマ」は身近な高僧であり大人気であった。

マイクを手に巡回説法を行うジグメ・プンツォ（『心中燃起的時代明灯』84頁）

二〇〇四年にはじめてラルンガルを目にした時には、城塞都市と呼べるような威容に驚かされた。すくなくとも旅行者にとってはアムドのクンブム寺などに比べて名前が知られているわけではなかったが、活気に満ちていた。果洛《ゴロク》に帰る道中、巡回説法に出かけるラルンガルの三十歳くらいのラマと同行する機会を得た。ジェクンド（青海省玉樹《ユーシュー》県）で一泊するだけの小旅行であったが、功徳になるかと思い宿代と食事代、おまけに記念写真を撮りたいというラマの希望も含めて私が負担した。ラマは「当然だ」とい

ラルンガルで販売されていたジグメ・プンツォ初代学院長とムンツォ2代目学院長のメダル（2010年8月筆者撮影）

う顔をしていた。食堂で昼食をとった際も、店の主人が「ラマから代金は受け取れない」と言って、半額（私の分）にしてくれたこともあった。その時のラマの態度は目先の小事にこだわらない様子で、「うむ、いい心がけだ」とつぶやいた。東チベットの俗人にとって、ラルンガルの存在は誇りであり、ラルンガルのラマへの接待はこの上ない功徳であった。

（二〇一七年五月十二日、阿部からの電子メールを一部改編し掲載した）

*阿部朋恒…日本学術振興会特別研究員PD。主な研究テーマはチベット・ビルマ語派諸民族の民族誌、東アジアの食文化、嗜好品文化など。主な調査地は中国青海省、雲南省。

黄河源流域の記念塔（上）と遊牧民の祈りの場（いずれも瑪多県、2009年8月筆者撮影）

ジグメ・プンツォ学院長の逝去

巨星堕《お》つ

「東の空を紅に染めて太陽が昇る　中国に毛沢東が現れた」。これは毛沢東讃歌「東方紅《とうほうこう》」の冒頭の歌詞である。ラルンガルでは、西の山肌を紅に染めて太陽が昇る。あたかも西方《さいほう》浄土への道を指し示すかのように。これはラルンの切り立った谷の特殊な地形がもたらす自然現象である。東から昇る太陽が山から顔を出す前に、西の山肌が照らし出されるのである。

ラルンガルの空から巨星墜《お》つ。二〇〇四年一月七日、ジグメ・プンツォ学院長が入寂《にゅうじゃく》（逝去）した。訃報が届くやいなや、東チベットに衝撃が走り、にわかに緊張が高まった。体調不良は数年前から伝えられていたが、二〇〇三年末、成都の病院で心臓手術を受けた一週間後に容態が急変し、側近の僧に見守られながら七十年に及ぶ生涯の幕を閉じた。手術は成功と伝えられていただけに、治療を装った暗殺説も流れたようである(1)。

ジグメ・プンツォはチベット仏教圏で最大規模を誇るラルン五明仏学院の創設者兼初代学院長であり、文化大革命終結後、東チベットのニンマ派を束ねる大黒柱でもあった。その影響力は東チベット一帯の出家者や在家信徒のみならず、中国都市部の漢人信徒、東アジア各地の華人・華僑信徒にまで及んでいた。

ダライ・ラマ十四世の特使からのメッセージ

訃報をその日のうちに伝えたのはインターネットであった。チベット支援組織ＩＣＴ（International Campaign for Tibet）は、ダライ・ラマ十四世の特使ギャリ・ロディ（一九四九〜二〇一八）の弔辞を発表した(2)。

「ケンポ・ジグメ・プンツォの死去は、チベットにとっても中国にとっても大きな損失である。それは彼が中国の漢人僧尼に仏教を伝授し、漢人とチベット人の相互理解と親交を促したからにほかならない」。

ジグメ・プンツォがラルンガルで、漢人の出家者や信徒に分け隔てなくチベット仏教を伝授し交流を深めたことは、学院にとって大きな財産となった。私は「漢人とチベット人の相互理解と親交」という特使の文言から二つのことを読み取った。一つは、中国在住の漢人と宗教交流を行うことが困難な状況にあるチベット亡命政府の歯がゆい思い。もう一つは、チベット亡命政府が中国共産党との関係改善に向けた協議の進展を期待する政治的メッセージである。ジグメ・プンツォ死去の二年前、つまり二〇〇二年秋以降、両者は水面下で協議を再開していたからだ。(3) 胡錦濤《こきんとう》（党中央委員会総書記）・温家宝《おんかほう》（国務院総理）政権誕生以後、両者の対話の機運が芽生えつつあることが感じられる雪解けの時期でもあった。

4-8　ジグメ・プンツォの訃報を伝えるICTニュース

中国政府の反応

ジグメ・プンツォ学院長の訃報を中国政府が新聞・テレビ・ラジオ等のメディアで報じた形跡はない。唯一確認できたのは、中国共産党が民族政策や宗教政策等を担当する中央統一戦線工作部がウェブサイト上に掲載した短信であり、ニュース源は「新華網」（成都、二〇〇四年一月十三日電）であった。(4) 死後六日も経っての報道は不自然であり、中国政府は周囲の状況を見極めつつ、混乱の回避を慎重に検討していたと思われる。

そして、地元四川省の公安局、宗教事務局、統一戦線工作部といった宗教政策や宗教管理を管轄する部署は、学院長の容態と側近の行動を把握していたため、すぐさまラルンガルへ通じる道路に交通規制を敷いて、僧侶や信徒の動きを封じ込めたのである。(5)

漢人信徒の反応

中国の漢人信徒は逝去の当日、ニンマ派支援組織「ニンマ・インフォメーション（寧瑪資訊）」のウェブサイトを通じて訃報を知った。サイト内に設けられた「ニンマ論壇（寧瑪論壇）」には、その夜すぐに信徒の悲痛な叫びが続々と掲載されはじめた。

そして、逝去から二日後の二〇〇四年一月九日、「ニンマ論壇」にラルンガルからのメッセージが掲載された。要約すると「仏学院は平静を保っている。漢人を指導するケンポ・ソダジの講義は通常通り行われている。学僧は落ち着いて学問と修行に励みなさい。今後数ヵ月間は学院から離れないように」という内容であった。(6)

ジグメ・プンツォの遺体が成都の病院からラルンガルへ運ばれた後、近隣の僧や信徒は長い道のりを徒歩で移動し、裏山を越えて仏学院を目指した。当局は直ちに彼らが遺体と対面することを禁じる措置を出して対抗した。公安局がラルンガル方面のバスを停止させた理由は二つ考えられる。一つは遠方の信徒が多数殺到して混乱が生じるのを避けるため。もう一つは学院長の死を契機に、集まった僧侶や信徒が政府当局に抗議することを恐れたからだ。逝去の当日、訃報が「ニンマ論壇」等を通じて漢人信徒に広まっていることも当局は察知していた。

ジグメ・プンツォ学院長の遺言

ジグメ・プンツォ学院長は、二〇〇三年頃より身体の不調を深刻に受けとめていた。成都の病室で過ごした最期の三日間と遺言の一部を、テンジン・ジャンツォ副学院長が「ニンマ・インフォメーション」を通じて公表した(7)が、そこから漢人信徒を安心させ混乱を最小限にとどめたいという学院執行部の意図を読み取ることができる。ジグメ・プンツォは極楽法会《ほうえ》（チベット暦九月に仏学院で行う大規模行事）の際、「これが最後の大きな法会になるかもしれない」と語っていたそうだ。糖尿病、高血圧、心臓疾患が重なり、古稀《こき》を迎えた肉体は悲鳴を上げていたからだ。ラルンガルの運営に当局が圧力と制裁を強めるなか、学院外でのジグメ・プンツォの宗教活動は著しく制限されていった。さらに二〇〇三年に妹（美珠空行母）が他界したことにより、学院長は心身ともに疲労の極に達していた。

病床でジグメ・プンツォは姪のムンツォのことを気にしていた。残された時間を、将来学院長の職に就くムンツォの指導に捧げたいという思いが募っていたが、身体はすでに自由を失っていた。

4-9　妹（左）、学院長（中）姪（右）、ラサのポタラ宮にて（『心中燃起的時代明灯』92頁）

また、ジグメ・プンツォは晩年、余生を振り返り次のように語っていた。「先達の予言によれば、私は六十七歳で亡くなるはずだったが、多くの弟子が放生《ほうじょう》［捕らえられた魚や鳥を放す行為］に励み、読経を重ねた結果、寿命を延ばすことができた。一方で、本来極秘にしておかねばならない『光明大圓満』の教えを多くの弟子に授けたため、私の遺体は『虹化《こうか》』［密教修錬者の遺体が縮小する現象］しないだろうが、後悔はない」と。

最期の三日間、ジグメ・プンツォ学院長の容態は悪化し、たびたび医療措置を繰り返した。最期に臨んで、学院長は側近の弟子にいくつか遺言を残した。

・皆が仏法への信心を失わないことを切に願っている
・ラルンガルは何としても存続していかねばならない
・次の化身ラマは探してはならない
・記念の仏塔も建ててはならない

「ラルンガルの存続」という言葉に、学院長自身の追いつめられた心境とラルンガルを守り抜いてほしいという切なる願いが伺える。「次の化身ラマをさがすな」という遺言には、党と政府からの不当な圧力を少しでも弱め、化身ラマの権威ではなく学問の力でラルンガルを支えていってほしいという願いが込められている。

4-10　ジグメ・プンツォの遺体を納めた棺（『心中燃起的時代明灯』119頁）

4-11　大経堂に設置されたジグメ・プンツォの祭壇（『心中燃起的時代明灯』119頁）

その後、どのような方法で学院葬がとりおこなわれたのかは不明であるが、二〇〇四年八月、つまり私の二回目のラルンガル訪問時には、学院長の居室前に安置された棺の写真が出まわっていた。アメリカのメディアは、遺体は逝去から二週間後に火葬されたと報じた[8]。

チベットでは高僧の遺体は火葬せず、特殊な処理を施して寺院に安置するのが一般的であるが、その具体的な過程が語られることはない。仏教儀式をへた遺体は仏となり、永く信仰の対象となる。火葬が事実であるならば、それは政府の強い指示と考えるのが自然であろう。ジグメ・プンツォの影響力を弱めることが目的であったに違いない。

(1)「堪布晋美朋措圓寂中共行動異常」（二〇〇四年一月八日）。http://www.xizang-zhiye.org/gb/xzxinwen/0401/index.html#040108.2（二〇〇

四年十月十二日閲覧）

(2)「西藏知名仏教領袖堪布晋美朋措逝去」（二〇〇四年一月七日）。http://www.savetibet.org/Chinese/Chinese.cfm?ID=2246&c=71（二〇〇四年九月二十七日閲覧）

(3) 二〇〇二年九月、二〇〇三年五月、二〇〇四年九月にチベット亡命政府の特使や代表団が中国を訪問［大川2015:425-426］。

(4)「甘孜州色達県喇栄寺五明仏学院堪布牛麦彭措去世」。http://www.zytzb.cn/zytzbwz/religion/xxdl/80200402051007.htm（二〇〇四年九月二十四日閲覧）

(5)「堪布晋美朋措圓寂中共行動異常」（二〇〇四年一月八日）。http://www.xizang-zhiye.org/gb/xzxinwen/0401/index.html#040108.2（二〇〇四年十月十二日閲覧）

(6)「寧瑪論壇」。http://nmzx.rswh.com/showthread.php?s=116c2e902def0996991923a918429633&threadid=12721（二〇〇四年一月十六日閲覧）

(7)「法王如意宝晋美彭措圓寂経過教言」（二〇〇四年一月二十三日）。http://www.57go.com/sichuan/Html/2004123123718-1.Html（二〇〇四年十月十二日閲覧）

(8)「四川喇栄寺挑戦宗教禁令」（二〇〇四年三月十五日）。http://www.buddhismcity.net/newsall/general/details/5443/（二〇〇四年十月十二日閲覧）

column⑦

ジグメ・プンツォの訃報

日本では長田幸康が、チベット関連情報のメーリングリスト「リンカ」を通じてジグメ・プンツォの死について第一報を伝えた。タイトルは「【訃報】ケンポ・ジグメ・プンツォク師逝去」（二〇〇四年一月八日）。

長田の情報源はＴＩＮ（Tibet Information Network News）である。旅行人『チベット』（第三版）に、ジグメ・プンツォの紹介記事があることに触れた後、「本土カム地方のチベット人にとっては最大級のショックかと思われます。ラルン・ガル寺、幸い去年［二〇〇三年］行けましたが、あいかわらず活気ありました」というコメントを発表した。

日本国内では新聞にジグメ・プンツォ逝去のニュースが掲載された形跡はない。長田がリンカに投稿した翌日、私はメーリングリストに以下のコメントを送った。

ジグメ・プンツォ逝去の悲報に接し、心を痛めています。

ネット上の情報によると、セルタの仏学院では不確実な情報を流さぬよう学僧たちに指示があったようです。法王の遺体は昨日もしくは本日中に学院へ搬送されるようです。漢人信徒の間でさかんに情報交換がなされています。

カム（東チベット）を愛し、カムの各地を歩き続けた者にとっては、悲痛の思いでいっぱいです。昨年［二〇〇三年］十月に拙文「仏学院と尼僧を襲った党の宗教政策」を書き上げたばかりなので、なおさら残念でなりません。

プンツォが開いた仏学院をパンチェン・ラマ十世が認可した後、北京を訪問したプンツォが故パンチェンと会談している写真が印象に残っています。

長田さんの情報に多謝！

二〇〇四年一月当時、ラルンガルやジグメ・プンツォはまだ極めてマイナーな存在であり、日本のチベットファンの視野に入っていなかった。

ラルンガル再訪　二〇〇四年八月

色達《セルタ》行きバスは超満員

私はジグメ・プンツォの訃報を知ると居ても立ってもいられず、約半年後の二〇〇四年八月にラルンガルへ向かった。

成都から馬爾康《マルカム》を経て色達《セルタ》へ、バスで二日かけて移動。色達《セルタ》行きのバスは満席であるが、あぶれた乗客は座席なしでの乗車を運転手に懇願していた。一九九〇年代であれば、運転手の判断でしばしば定員超過が行われていたが、概《おお》ね二〇〇〇年以降、交通警察による定員管理が厳しくなってきた。

そこで登場したのが中国で「黒車《ヘイチョー》」、日本でかつて「白タク」（白ナンバーの車で不法にタクシー営業をすること）と呼ばれていたような無許可営業の車である。乗客の話では、当時馬爾康《マルカム》から色達《セルタ》までのチャーター料は五百元（約一万円）が相場であった。色達《セルタ》行が混み合う理由を運転手に尋ねたところ、「漢人の乗客が急増したからだ。ラルンガルへ向かう者と商売人だ。運転手は大喜びだよ。夏は稼ぎ時だからね」というドライな答えが返ってきた。

東チベットの夏はよく雨が降る。ひとたび降ると、弱い山肌から土石が大量に落下して道路を塞いでしまう。人力で片づけられない場合、乗客はバスを降りて時間をつぶしながら、ブルドーザーの到着を待つ。三時間ほどで運行再開することもあれば、その場で一夜を過ごすこともある。すべては運次第だ。

被災地さながらの色達《セルタ》市街

色達《セルタ》の町を見るのは三年ぶりだ。町の中心部は再開発工事が続いており居心地が悪い。道路の拡幅を行うため、

4-12　再開発により瓦礫の街と化した色達市街（2004年8月筆者撮影）

両側の建物は解体作業中である。まるで震災被害にあったように、瓦礫《がれき》の山があちこちに築かれている。未舗装の道は雨でぬかるみ、車が通るたびに水しぶきを上げている。

下水管の埋設工事があちこちで行われており、作業員がつるはしとスコップで土砂を掘り起こす。工事現場は至る所ゴミだらけ。付近の住人や商店主がゴミを捨てるからだ。民度が低いというよりは、ゴミ収集のシステムが整っていないことに原因がある。漢人もチベット人も家庭のゴミや馬桶《マートン》（簡易便器）の汚物を下水管の工事現場へ豪快に投げ捨てる。私は彼らの行為を容認するわけではないが、その豪快さは実に見事だ。

八月とはいえ、曇り空の場合、昼間の気温は十度から十五度だ。チベット人の多くはセーターの上に民族衣装を着ている。町で最も賑わう場所は生鮮市場である。人が集まる場所には、さまざまな商売人が集まってくる。媚薬《びやく》屋、漢方屋、占い屋、義歯屋など、いずれも怪しさ満点だ。

人が集う十字路では、チベットの男がヤクの皮を売っている。男に話しかけると、「食肉工場から仕入れてきた。皮が良質なので高値で売れるんだ。殺生《せっしょう》を嫌うラルンガルの僧に叱られることもあるが、商売だからやめるわけにはいかない」と語った。

食堂で麺をすすっていると、物乞いの子供が次々とやってくる。色達《セルタ》県は四川省でも指折りの貧困地区であり、家庭の事情により孤児も多いと聞く。男たちは昼間から酒を飲み、街頭で奇声をあげながらトランプ賭博に夢中だ。近隣の牧民は自慢の馬で町へ買い出しに来ている。色達《セルタ》では蹄鉄《ていてつ》屋も健在だ。どれもこれもチベット高原の奥地ではよく見かける光景だ。

4-13　かつてのラルンガル入口の丁字路付近と名物の「関所」（左下の建物、2004年8月筆者撮影）

乗り合いワゴン車でラルンガルへ

色達《セルタ》の中心部からラルンガル入口の丁字路までは約二十キロメートルある。乗り合いワゴン車の運賃は片道七元（約百四十円）だ。丁字路付近は個人宿や食堂、雑貨屋の数が増え、夏は露店も出る。

運転手は「漢人は下車して、あそこで名簿に記入しろ。チベット人はそのままラルンガルへ連れて行く」と言う。「あそこ」とは「流動人口検査処」、つまりチベット人の公安がラルンガルへ入る外部の漢人や車輌をチェックする「検査処」である。漢人はここで身分証とカメラやビデオ等の撮影機材を預けることが決まりである。外国人のラルンガル訪問は不許可であり、車輌は入構許可証をもつ車のみ通行が許されていた。

御上《おかみ》の決定は絶対であり、〝関所破り〟は御法度《ごはっと》だ。ただし、アリの這《はい》入《い》る隙もないほど厳重な警戒をしているわけではない。公安とてチベット人であり、信仰をもっているからだ。今回、私はラルンガル関

4-14　車道東側で確認した尼僧坊の撤去跡（2004年8月筆者撮影）

係者の配慮により、なんとか無事にたどり着くことができた。

図4－13は二〇〇四年当時の丁字路付近である。丁字路から仏塔沿いの道を進み、門をくぐってしばらく歩くと右手に瓦屋根の小さな建物が見える。そこが「検査処」である。

尼僧坊撤去地区での聞き取り

二〇〇四年八月、私は二〇〇一年に調査した尼僧地区の確認を行った。

車道西側の斜面は土壁がすべて取り除かれていたが、斜面が急なため階段状の基礎土台跡はそのまま放置されていた。うっすらと草が生えていたものの、破壊の爪痕は生々しく残されていた。車道東側斜面は青草が生い茂っていたが、基礎跡から以前そこに僧坊群があったことがはっきり判別できた。そして、車道東側斜面に隣接した地域も小規模ながら新たに撤去されており、柱として使われていた立派な木材が一部放置されていた。

他の居住区も無傷ではなく、全体の規模から見れば目立たないが、撤去跡が点々と確認できた。学僧の数は明らかに激減しており、夜間は灯りがともらず、早朝も炊事の煙が立ち上らない僧坊が増えていた。

今回の滞在中、現地で複数の学僧に聞き取り調査を行ったところ、以下のことが明らかになった。

僧A「事件は二〇〇〇年と二〇〇一年に発生した。破壊の規模は二〇〇一年が大きかった」。

僧B「二〇〇〇年に当局の指示で、シンガポール、マレーシア、台湾の尼僧と信徒が仏学院から追われたまま帰ってきていない」。

僧C「二〇〇二年に女性漢人信徒の住居が狙われて十数戸が撤去された」。

尼僧D「二〇〇三年に青海省や甘粛省出身の尼僧が公安の調査を受けた」。

尼僧E「二〇〇一年以降、学院本部が経済的困難を抱える尼僧に支給していた補助金が減額された。漢人信徒を放逐した後、学院の収入が減少したためだ」。

女性漢人信徒F「二〇〇三年に広東省から来た。学院内に共産党の派遣チームがあり、漢人信徒の動向を注視している。私は滞在八ヵ月目であるが、特にトラブルは発生していない。二〇〇三年春以降、漢人信徒の数が増え始めたと聞いている」。

二〇〇一年の粛正により、多くの尼僧がラルンガルを追われた。一部の尼僧は解体作業員の横暴な振る舞いに反抗したが、多くの尼僧は「抵抗するな」という師僧の言葉に従い泣きながらラルンガルを去ったという。その後も小規模な尼僧坊の撤去は行われたが、尼僧たちは冷静さを失わず師僧の言葉を守った。人生や社会の苦しみを受け入れることの大切さをラルンガルの出家者はしっかりと学んでいることを、私はこの時に実感した。「敵を憎むな」というラルンガルの教えが、私の心にも強く響いた。

漢人信徒の生活

招待所での宿泊は二度目である。宿泊手続きを行うため、一階の服務員室（受付）を訪ねたが、担当の尼僧は不

4-15　漢人信徒が暮らす招待所の一室（2004年8月筆者撮影）

在であった。その時ちょうど通りかかった僧に話しかけて事情を伺ったところ、「服務員は尼僧経堂で講義を受けている。二時間後に戻ってくる」と教えられ、一階の部屋に案内された。

そこはチベット僧の部屋であった。僧は青海省南部の出身。二ヵ月前にラルンガルへやって来たが、僧坊建設の許可が得られないため、招待所の一室で暮らしていたらしい。僧の話では、「招待所内には僧坊をもたない尼僧も暮らしている。かつての事件でラルンガルを追われた後、ここへ戻ってきた者もいる。彼女たちは北向きの部屋で、宿泊費の免除を受けながら、ひっそりと暮らしている」とのこと。「かつての事件」が、二〇〇一年の僧坊撤去・解体事件を指すことは間違いない。

しばらくすると服務員が招待所に戻ってきて、二階南向きの部屋へ案内してくれた。三人部屋、一床十元（約二百円）であった。招待所の部屋に裸電球の照明はあるが、コンセントがない。携帯電話の充電を行う方法を服務員に尋ねたところ、「向かいの部屋に住む漢人に相談すればよい」と教えられた。

その部屋には二人の漢人女性が滞在していた。二人は仏学院で学ぶ在家信徒であり、ラルンガル到着後に知り合い、滞在費を節約する目的で共同生活を開始したとのこと。二人は修行生活を次のように語った。

信徒A「夜は冷えるので布団を買い足し、厚手の軍用コートを羽織ることでしのいでいる。ラルンガルに来てからプロパンガスとコンロを二人で購入し、交替で自炊をしている。招待所の生活で不便なのは、水汲みと屋外のトイレである。特に夜間、トイレへの小道は滑りやすくて危険だ。私たちは食事の時だけ会話することにしている。その他の時間は話をしないが、お互いストレスは感じていない」。

信徒B「在家信徒は一ヵ月から三ヵ月の滞在が多いみたいだ。漢人信徒は女性が多いが、出家者は少ない。漢語の堪能な師僧から教えを受け、ラルンガル内のみに放送される漢語講義をラジオで聴いている。信徒間の交流は少なく、あなたが尋ねている漢僧経堂は、今は存在しないと思う。現在、私たちは現地公安とのトラブルはなく、政治問題にも興味はない」。

4-16　インターネットを通じて漢人信徒に講義を行うイェシェ・プンツォ

詳細を記すことは避けるが、二人は若い知識人であり、密教と瞑想への興味が高まり、ラルンガルへ学びに来たとのこと。漢人を指導する師僧はケンポ・ソダジとケンポ・イェシェ・プンツォ（一九七一〜）である。午後四時から五時までの一時間、ラルンガルではイェシェ・プンツォのラジオ講義が放送される。イェシェ・プンツォは一九八六年に仏学院入学後、ジグメ・プンツォ学院長から学問を授かり、一九九六年以降漢人の指導に当たってきた。現在も多くの漢人子弟を抱え、ウェブサイト「顕密仏網」を通じてインターネット利用の通信教育にも力を注いでいる。

話を戻そう。二人は市販のソケットを購入し、改良後コンセントとして使用していた。一時間後、携帯電話の充電が無事に終了した。参考までに、二〇〇四年八月当時、日本から持参した携帯電話（ガラケー）は日本とは通話不能であったが、ＳＭＳ（Short Message Service）の送受信は可能であった。

言葉を濁す副学院長

僧坊の入口には「健康上の理由により、面会は正午と夕方に限る」という貼り紙があった。正午に訪問すると、テンジン・ジャンツォ副学院長は寝室で食事中であった。三年前と比べて頬が少しこけており、明らかに体調の悪化が感じられた。ジグメ・プンツォ学院長の片腕としてこれまでラルンガルの運営に奔走してきたが、ここ数年の学院を取り巻く緊迫した状況は彼の心に重くのしかかっていた。二度目の訪問であることを告げてあいさつをした後、ラルンガルの現状について質問してみた。以下に要約する。

学院長逝去直後に複数の情報が交錯し、学僧たちに混乱が見られたのは確かである。半年余りを経た現在、仏学院の状況は落ち着いており大きな問題はない。新たな学院長は就任しておらず、複数の高僧が知恵を出し合い集団指導体制をとっている。これまで通り各部署の責任者が指導力を発揮することで、学院の運営は安定するはずだ。学院へ戻ってきた尼僧もいるが、新たな僧坊を建てることは許されていない。私同様、体調不良の尼僧が多いのが気がかりだ。運営資金は多くの信徒に支えられているので大丈夫だ。学院は今後も発展することを確信している。

私は「問題を抱えていない」という言葉を額面通りに受けとめることはできなかった。学院に通じる村の入口に設けられた検査処が、何よりも事態の深刻さを物語っているからだ。

続いて学院長追悼行事について質問した。すると、「大がかりな行事は予定していない。理由は経済的な問題と、もう一つの複雑な問題があるからだ。次回あなたがラルンガルへ来られた時に、記念アルバムを贈れるといいのだが」と答え、言葉を濁した。

「もう一つの複雑な問題」があるとのことだったが、具体的な内容は一切語らなかった。いや、語れなかったのである。それは明らかに政治上の〝敏感〟な問題であり、学院長の逝去を機にラルンガルの更なる規模縮小を進めたい当局の思惑が、追悼行事の開催を邪魔していたのである。

最後に少し踏み込んだ質問をしてみた。それは近い将来、外国人信徒が仏学院で学ぶことが許されるか否かについてである。副学院長は、「それは時の運が決めること」と明快に答えた。「時の運」とは政府の宗教管理の動向である。監視が緩やかであれば可能性はあるし、厳しければ不可能であるが、外国人が色達《セルタ》県公安局で滞在許可を得られる可能性はまずない。

学院長追悼映像と記念アルバム

4-17　逝去後に相次いで販売されたジグメ・プンツォ追悼映像資料

二〇〇四年八月、学院内外の個人商店では、ジグメ・プンツォ学院長の生前の姿を収めた映像ソフトが複数発売されていた。アメリカや東南アジアの歴訪、国内の漢人居住区での法要と説教、色達《セルタ》の夏祭りを見学する姿等、在りし日の貴重な映像である。いずれも秘書や漢人信徒が撮影した映像をパソコンで簡易編集した内部発行版であり、色達《セルタ》や隣接する壌塘《ザムタン》の個人商店で販売されていた。ラルンガル関係者によるささやかな追悼である。

この中で注目すべきことは、図４―17の下段の二作品が中国唱片《チャイナレコード》成都公司から出版されたことだ。中国唱片は一九四九年（中華人民共和国成立の年）に誕生した政府系レコード会社であり、「抗日戦争勝利歌曲集」や彭麗媛《ほうれいえん》（習近平夫人、歌手）のCDを発行することを任務としている。このような性格の会社がなぜ、党や政府にとって要注意人物であるラルンガルの高僧を

4-18　ジグメ・プンツォ逝去3周年記念のビデオCDとアルバム

称える映像作品集を出したのであろうか。この謎を解く鍵はいまだに見つかっていない。

その後、二〇〇七年に逝去三周年を記念したビデオCD（動画資料）とアルバムが発行された。ともに内部発行であり、ラルンガル本部と漢人信徒が編集に携わっている。

なお「甘孜《カンゼ》州仏教寺廟民主管理条例（試行）」（一九八八年八月十日）第三十八条には、「政府宗教事務部門の許可を得て、寺院は仏教経典を印刷し流通させることができ、宗教用具と宗教工芸品を販売することができる」とある［甘孜蔵族自治州仏教協会2011:232］が、ラルンガル側が当局の許可を得た事実は確認できない。東チベットでは、ヤチェン修行地（四川省白玉《ペユル》県）のアチュウ・リンポチェ、アソン・リンポチェ、カトク寺（四川省白玉《ペユル》県）のロガ・リンポチェ等、高僧が漢人信徒の協力を得て、内部発行の書籍や写真集・資料集を印刷発行する事例は珍しくない。

第5章 ラルンガル復興への道

＊ラルンガル本部の許可を得て、新たに僧坊を建てる尼僧たち（2010年8月筆者撮影）

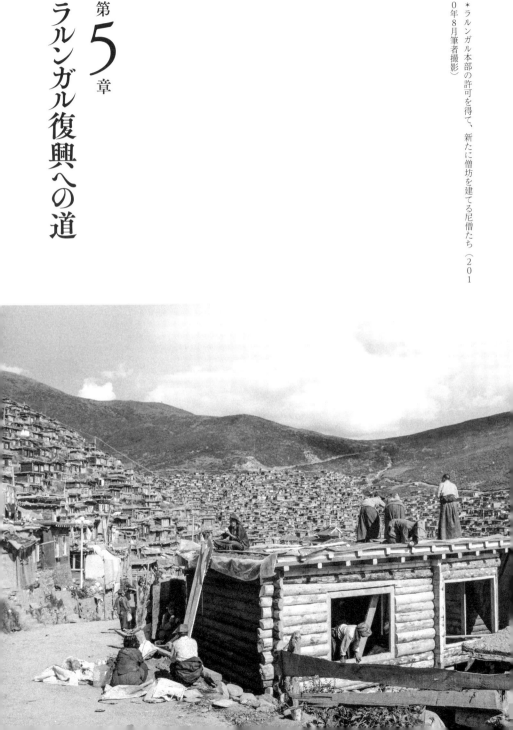

復興の槌音《つちおと》　二〇〇七年八月、三度目のラルンガル

クレーンのある風景

二〇〇七年八月、三度目のラルンガル訪問を果たした。今回は成都から康定《カンディン》、甘孜《カンゼ》を経由して白玉《ペユル》のカトク寺とヤチェン修行地で調査を終えてからラルンガルへと向かう旅程だった。二〇〇七年当時、甘孜発《カンゼ》、炉霍《ダンゴ》経由、色達《セルタ》行き民営バスを卡薩飯店《カサルホテル》が運行していた。バスは七時半に甘孜《カンゼ》を出発し、十時半に炉霍《ダンゴ》の卡薩飯店《カサルホテル》に着。チケット代は五十五元（約千百円）。バスの車内には、中国共産党が敵視する亡命僧の大きな肖像写真が飾られていた。ここで九十分間の長い休憩後、十二時に出発し、十五時半にラルンガル入口の丁字路に着いた。

バスは直接ラルンガルへ向かうのであるが、今回は丁字路で降車し、ラルンガルまで三十分ほどかけて歩いてみた。途中にあるゲゼル寺は当時木造建築であり、周囲の景色に溶け込んだ優雅なたたずまいであった。この寺院の周囲を利用してラルンガルの法会《ほうえ》が行われることもある。

ラルンガル構内に到着してまず驚いたのが、本部付近にそびえ立つ大型クレーンである。ラルンの谷間には、わずかながら平地がある。そこには僧と尼それぞれの経堂《きょうどう》、講堂、商業施設が所狭しと並んでいる。経堂も講堂も木造建築であり、基礎工事が不十分なため、不等沈下により壁がはがれ落ちる始末である。一九八〇年代後半の時期に限られた資金と技術で建設され、約二十年間厳しい自然環境の中で風雪に耐えてきた。学僧や漢人信徒の増加により、施設が手狭になったこともあり、ラルンガル本部が僧の利用する経堂と講堂の建て替えに着手した

のである。

建て替え工事は二〇〇六年にスタートした。工事期間中、経堂横に臨時の簡易経堂が設置され、小規模な講義や問答が行われていた。

中国ではこのような宗教施設を建設する場合、宗教政策を担当する共産党の統一戦線工作部及び宗教管理を担当する宗教事務局の許可を得なければならない。ラルンガルの場合は色達《セルタ》県及び甘孜《カンゼ》州の党と政府に相談と申請を行う必要がある。工事の着手は、当局から認可が下りたことを意味する。地方政府の幹部はチベット人が多数派であり、彼ら党員は本来宗教信仰を持つことが許されないが、実際は信仰を有するため、ラルンガルの申請を側面から支援することが多い。

5-1　ラルンガルと関係の深いゲゼル寺（2007年8月筆者撮影）

新築の大経堂は鉄筋コンクリート構造である。設計施工は四川省内の政府系建設会社が請け負い、工事は主に出稼ぎの漢人が行う。チベット人がその下請けとして雇われることもある。大工事には相当な資金が必要であるが、その出所は明らかでない。

ラルンガル構内を隅から隅まで歩いて感じたことは、学僧の心の支えは依然としてジグメ・プンツォであること、漢人女性信徒の増加、公安による監視の減少、経済活動の活発化、海外からの支援であった。二〇〇七年、ラルンガルはすでに〝秘境〟ではなくなっていた。

招待所の閉鎖

今回の訪問では、宿泊面で困った事態となった。過去二回同様、北側の丘に立つ招待所に滞在する予定であったが、この年の春に起きた火災により使用不能となり閉鎖していたからだ。当時、ラルンガル内の宿泊場所はこの招

5-2　ラルンガルに現れた大型クレーン（左奥、2007年8月筆者撮影）

5-3　臨時経堂で行われていたチベット僧対象の講義（2007年8月筆者撮影）

5-4　火災発生後、閉鎖された招待所（2007年8月筆者撮影）

待所のみであった。招待所横の売店に相談したところ、ある僧坊を世話してもらうことになった。救いの手を差し伸べてくださった僧に累が及ぶ恐れがあるため、詳細に触れることはできない。

聴き取り調査の結果、火災の原因は老朽化した電気設備とのこと。招待所内には多数のネズミが棲み着いているため、ネズミが電線をかじり漏電が発生した可能性もある。落雷の影響という話もあるが定かでない。ラルンガルの泣き所は火災と水不足である。火災はその後も発生し、ラルンガルの手足を縛る結果を招いた（180頁「ラルンガル改造計画」参照）。

翌日、ラルンガル本部付近に「喇栄《ラルン》扶貧招待所」が新設されていることを知った。「扶貧」とは「社会の貧困撲滅《ぼくめつ》のために扶助を行う」という意味であり、経営母体については明らかでない。

幸い宿泊場所は決まったが、夏とは言えラルンガルの夜は寒い。僧坊内に厚手の絨毯《じゅうたん》を敷き、来客用の布団を借用したが十分ではない。そこでテンジン・ジャンツォ副学院長の僧坊へ伺い、事の経緯を説明したところ立派な布団を譲っていただいた。感謝の念に堪えない。

漢人の増加と居士《こじ》診療所

二〇〇七年はラルンガルにとって大きな転換点であった。先に触れた経堂や講堂の建て替えが本格化し、招待所は火災事故により四年後に喇栄賓館《ラルンホテル》へと生まれ変わる。その他、電気配線設備の強化、排水路工事、共用トイレの設置、商店や食堂の増加等、地元政府の支援を受けてインフラ整備に着手したのである。

交通面では、個人経営のミニワゴン型タクシーが常時数台待機し、運賃七元（約百四十円）で色達《セルタ》までピストン運行していた。馬爾康《マルカム》や炉霍《ダンゴ》へのチャーターも可能であった。

5-5　色達の男が愛馬でラルンガルを訪問（2007年8月筆者撮影）

5-6　漢人の学僧や信徒のために開設された診療所（2007年8月筆者撮影）

前回訪問した二〇〇四年の時点ではワゴンタクシーの姿は稀《まれ》であり、丁字路とラルンガルの間の移動は乗り合いトラクターに頼っていた。一方、地元の男や一部の僧は馬で移動することもある。二〇〇四年までラルンガルでは馬や資材運搬のチベット牛を見かけたが、その後姿を消してしまった。馬上の男たちはラルンガルの風物詩でもあった。

　漢人は出家者、在家信徒ともに大きく増加していた。ある男性信徒から話を聞いた。蘭州出身の四十代。

「家族で家電修理を営んでいる。ラルンガルは昨年夏に続き二回目の訪問。蘭州の中国仏教寺院の紹介で、ラルンガルの高僧ツルティム・ロドゥの講義を受けにきた。三週間の滞在予定。師僧の漢語による講義内容は論理的であり、智恵がつまっている。ラルンガルが掲げる『学びに来る者を拒まず』という姿勢は実にありがたい」。

　仏教を深く学びたい漢人にとって、ラルンガルはまさに大学と呼ぶにふさわしい。

　ラルンガル構内の片隅に「居士《こじ》医療站《たん》」の看板を見つけた。居士とは仏教に帰依《きえ》した在家の男子を指し、女性の場合は大姉《だいし》と呼ばれる。看板は居士となっているが、男女・僧俗を問わず、漢人や華人は誰でも医療を受けることができる。関係者の話では、内科と漢方を中心とした診察と投薬、点滴が可能とのこと。中国沿海部の信徒からの布施が資金源であるが、運営は不安定である。二〇一〇年、四度目のラルンガル訪問時には姿を消していた。

聞き取り調査の結果、二〇〇六年にアメリカ在住華僑の資金援助で西洋医学の病院建設の話も持ち上がったが、政府当局の反対で立ち消えになったことがわかった。そして、韓国の仏教組織が大量の医薬品を持ち込み、尼僧へ配布した事例も確認できた。海外からラルンガル支援の動きが見られることも、この時期の大きな特徴である。

「チベット騒乱」後のラルンガル　二〇〇八〜二〇一二年

オリンピックと厳戒態勢の甘孜《カンゼ》州

二〇〇八年の春、私は四度目のラルンガル行きをためらっていた。七月に大阪―成都間の往復航空券を購入し、八月に成都へ到着したが、結局ラルンガル行きを断念した。香港人や台湾人が発信したインターネット上の情報から、ラルンガル方面には厳しい交通規制が敷かれていることを知ったからだ。

具体的には、成都から康定《カンディン》までのバス移動は可能だったものの、康定《カンディン》から甘孜《カンゼ》や理塘《リタン》、色達《セルタ》方面は、中国政府発行の身分証を所持する者のみに切符を販売。甘孜《カンゼ》州内では外国人のバス移動が大きく制限されているため、私は成都到着後、空路で西寧へ移動し、バスで青海省果洛《ゴロク》チベット族自治州へと向かった。目的は果洛《ゴロク》州一帯の宗教事情の観察と、パンチェン・ラマ十世の生家（青海省循化県）訪問であった。

公安局が甘孜《カンゼ》州内に厳戒態勢を敷いた理由は、その年の三月前後に発生したラサ騒乱や東チベット騒乱、そして八月開催予定の北京オリンピックへの治安対策であった。読者の中には、ラサや東チベットの各地で、チベット人による抗議行動が頻発したことを記憶している人も多いだろう（150頁コラム「二〇〇八年チベット騒乱」参照）。

四川省、青海省、甘粛省のチベット人居住地区では、僧侶や民衆が中国共産党の高圧的な宗教政策を批判し、主に宗教活動の自由獲得とダライ・ラマ十四世の早期帰還を求めた。インドやネパールでも亡命チベット人が抗議行動を行ったが、彼らの主張の中には中国への批判の他に、チベット亡命政府が掲げる中国からの独立を求めない〝中道路線〟への不満も含まれていた。

三月末に北京五輪の聖火リレーが各国で始まると、外国のチベット支援組織、反中国団体、亡命チベット人等による人権擁護、信教や言論の自由を訴える活動が報道されたことにより、「チベット問題」の存在と複雑さが改めて世界に示された。

無事に騒乱を乗り切る

では、同じ二〇〇八年にラルンガルで抗議行動は起こったのであろうか。

北京在住チベット人作家ウーセルが作成した資料には、三月中旬に色達《セルタ》県内で約六十名規模の抗議行動が発生したとあるが、私はラルンガルで表立った抗議行動はなかったと考えている［唯色2009:48,57,59］。

二〇一〇年にラルンガルで行った聴き取り調査に基づき、事情を説明する。

⑴各地の騒乱のニュースは断片的に学僧の耳にも入っており、情報は携帯電話や口づてで広まっていた。しかし、ラルンガルは学問と修行の場であり、学僧たちは各師僧の指示に従い、落ち着いた生活を送っていた。

⑵ラルンガルの財産は、ケンポ・ソダジ、ケンポ・ツルティム・ロドゥ、ケンポ・イェシェ・プンツォ等の師僧と学僧の間に築かれた強い信頼関係である。二〇〇四年にジグメ・プンツォ学院長が死去した後、ラルンガルは弱体化せず、複数の高弟が学院長の遺訓を守り、仏学院の存続に向けて力を尽くした。

⑶ダライ・ラマ十四世の亡命後、キルティ寺（四川省阿壩《アバ》県）やロンウォ寺（青海省同仁県）等、ゲルク派の主要寺院は中国政府から有形無形の圧力を受けてきた歴史があるため、二〇〇八年の騒乱に積極的に参加したが、ラルンガルには両寺院のゲルク派僧は在籍していないと聞く。

ラルンガルが騒乱時期を平穏に乗り切ったことは、後にラルンガル高僧の国内外での活発な弘法《ぐほう》活動の展開、漢人信徒との連携、政府との「信頼」関係構築という結果に結びついていった。

雪の峠を越えてラルンガルへ

その後、私は二〇一〇年に四度目のラルンガル調査に赴いた。そして一一年、一二年もラルンガルの地を踏み、現地の急速な変貌をこの目で確認した。

5-7　チベット人運転手は慎重に雪の峠道を越えた（2012年8月筆者撮影）

二〇一〇年八月、私は卡薩飯店《カサルホテル》が運行する甘孜《カンゼ》発、塔子《チョクツァン》村経由、色達《セルタ》行のバスに乗った（運賃五十元・約千円）。途中、塔子《チョクツァン》村の公安局員がバスの定員超過を取り締まり、運転手から罰金を徴収した。チベット人運転手にとって、途中乗車の客が払う運賃は臨時収入になるため、誘惑を断ち切れないのである。

東チベットでは、夏に四千メートルを超す峠を越える際、運が悪いと雪に見舞われることがある。二〇一二年八月に同じルートを通った際も、峠に向かう道が激しく吹雪き、ノーマルタイヤのチャーター車は降雪にタイヤがはまり大いに難儀した。私は三十年近く東チベット各地を散策してきたが、八月に十数センチの降雪に遭遇したのは初めてであった。

甘孜《カンゼ》からラルンガルへ抜ける最短ルートは、塔子《チョクツァン》村の丁字路を東に曲がり約十五キロメートル直進する方法である。すると洛若《ヌブシク》村の丁字路、つまりラルンガルの入口に到着する。未舗装路であるが、通行に危険はない。

5-8　ラルンガルの新門をくぐりラルンガルへ建築資材を運ぶトラクター（2011年8月筆者撮影）

新たなラルンガルの門

127頁に、ラルンガルに通じる丁字路の写真（二〇〇四年八月）を掲げた。そこにはラルンガルのよき時代の原風景が記録されている。二〇一一年訪問時、丁字路付近には個人経営の宿、食堂、食料品店、雑貨屋が次々と立ち並び、門前町として着実に発展していた。そして、「色達喇栄《セルタラルン》五明仏学院」と書かれたラルンガルの新門が完成していた。この門をくぐり、ラルンガルへ建設資材を運搬するトラクターは健在であったが、乗り合いトラクターは姿を消していた。

陳暁東《ちんぎょうとう》のルポ『ニンマの紅い輝き』によれば、一九九〇年代の学僧たちは、この丁字路で色達《セルタ》行の車をヒッチハイクするために一時間も二時間も辛抱強く待ち続けたという。私の経験上、二〇〇四年以前は、早朝色達《セルタ》を出発した馬爾康《マルカム》行のバスに、この丁字路から切符なしで途中乗車が可能であった。しかしその後、主に漢人の乗客が急増したことにより、出発当日の朝、色達《セルタ》のバスターミナルで成都行きの切符を入手することはほぼ不可能になった。そして、廃屋と見間違うほど古びた旧バスターミナルは閉鎖され、市街東部に新ターミナルがオープンした。

　ラルンガルへ続く道は拡幅と舗装が施され、道路脇に鉄柵が設置されたため、殺風景になった。仏塔が立ち並ぶこの道の両側には、色達《セルタ》の男が馬を走らせる草原が広がっており、これまでラルンガル来訪者のテント宿営地や大規模な法会《ほうえ》会場としても使われていた。一九九三年ジグメ・プンツォ学院長が主宰した極楽大法会では、十五日間に計四十三万人もの僧侶や在家信徒がここに集い、熱心に学院長の説法に耳を傾けたという［法王伝181］。しかし、丁字路付近の商店主の話では、「二〇一一年以降、地元政府の意向により、ラルンガルの庭とも言えるこの草原での法会開催は不許可になった」とのこと。

5-9　新経堂の完成を心待ちにしながら臨時経堂で学ぶ尼僧たち（2011年8月筆者撮影）

新・尼僧経堂の完成と喇栄賓館《ラルンホテル》の開業

　ラルンガルの男女比率はおおむね四対六であり、尼僧の割合が高い。尼僧はこれまで木造の経堂を利用してきたが、尼僧数の増加により彼女たちは屋外で経《きょう》を読むこともあった。そこで、学院本部は二〇〇九年に旧尼僧経堂を取り壊し、新経堂の建設に着手したのである。

　工事期間中、二〇〇一年に尼僧坊が撤去された無人の区画に臨時経堂が用意された。床に薄手のカーペットが敷かれていたが、ある尼僧は「冬は地面からの冷えが辛くて泣きそうだ」と弱音をはいた。ラルンガルの尼僧は数が多いため、師僧からの行き届いた教育は期待できない。経済的にも厳しい状況に置かれている者が少なくないが、尼僧の屈託のない笑顔はラルンガルの宝物であると感じた。

　そして、二〇一二年に待望の新尼僧経堂が完成した。ある僧が「地元政府の資金援助があったからこそ建て替えが実現した。それに漢人信徒

5-10　威風堂々とした新・尼僧経堂（2012年8月筆者撮影）

から寄せられた多額の布施にも感謝している」と語ってくれた。

また、二〇一一年の夏、旧招待所の跡地に待望の喇栄賓館《ラルンホテル》がオープンした。瀟洒《しょうしゃ》な三階建の屋上には、ホテルの看板とジグメ・プンツォの巨大な肖像写真が掲げられ、丘の上からラルンガルの発展を見守っていた。

一階のフロントではチベット人の若い女性が服務員として働いており、緊張した顔つきできびきびとわかりやすい漢語で丁寧に応対してくれた。宿泊手続で身分証の提示を求められた際、「日本人です」と告げると、「外国人の宿泊は問題ない」とのことだった。ホテル内には女性服務員募集の貼り紙があり、「月給千百元」（約二万二千円）と書かれていた。ある服務員は「ジグメ・プンツォ先生の学校で働くことは、最高の功徳であり、家族の誇りだ」と教えてくれた。月給への満足度を尋ねると「初級中学〔日本の中学校に相当〕卒業なので、妥当だと思う。同級生は私がラルンガルで働くことを羨ましがっている」と答えた。

二〇一一年開業当時、ホテル内に掲示されていた価格表によれば、喇栄賓館《ラルンホテル》は部屋の設備により二種類に分かれていた。ツインルームは百六十元（約三千二百円）、

5-11 招待所時代とは見違えるほど立派に建て替えられた喇栄賓館（2012年8月筆者撮影）

三人部屋は一人四十元（約八百円）であった。私は二階の三人部屋に宿泊。内装も家具類もすべて新品であり、気持ちよく二晩を過ごした。同室には白玉《ペユル》と甘孜《カンゼ》から来た僧がいた。その内一人は深夜もベッドに横たわらず、ひたすら瞑想を続けていた。もう一人は三百キロ余り離れたペユル寺仏学院の学僧であり、漢語が流暢であった。

外観も内装も立派であるが、ホテルは丘の上にあるため、水道設備があっても給水工事が間に合っていなかった。そこで、旧招待所時代と同様に、谷間にある龍泉水という井戸水の汲み場から服務員がタンクを背負って運んでいた。その後、ラルンガル観光にやってくる漢人が増え、ホテルは常時満室とのこと。一階のフロント横には食堂もオープンしたと聞く。

プロパンガスと饅頭《マントウ》売り

ラルンガルでの生活にプロパンガスは必需品である。二〇一一年当時の価格は十五キロの標準型が九十元（約千八百円）であった。都市部と比べて割高であるが、輸送コストを考えるとやむを得ない。

チベット高原の東部は、政府が森林資源の保護に力

5-12　僧坊にプロパンガスを配達する商人（2011年8月筆者撮影）

5-13　建設作業員に、饅頭を売る露店（2011年8月筆者撮影）

を入れているため、ストーブに使用する薪の入手が次第に困難になってきた。乾燥させたヤクの糞をストーブ兼コンロで燃やすことも可能であるが、ラルンガルでヤクの糞を売る姿はすでに見当たらない。そこで燃料は必然的にプロパンガスが中心となる。二〇〇一年当時から一部の学僧はプロパンガスを使用していたが、ガス漏れによる事故が発生したこともあり注意が必要だ。

ラルンガル裏山にある低木の枝を切り、ストーブで燃やすことも可能であるが、資源には限りがある。二〇〇一年に解体された僧坊の建材が、二〇〇四年に薪として色達《セルタ》市街に出回っているのを見た時は心が痛んだ。

二〇〇六年以降、ラルンガル構内は建設ラッシュである。僧経堂、尼僧経堂、本部棟、ホテル、商業棟など。さらに排水土管の敷設、外灯や配電工事、道路の拡幅と舗装、水路埋設など各種工事が目白押しであり、工事関係者や観光客はひきもきらない。そこで、饅頭《マントウ》（蒸しパン）、包子《パオズ》（肉まん）、泡菜《パオツァイ》（四川特産の漬け物）、ゆで卵、アイスクリーム、ミネラル水等、生活に根ざした食品が漢人の手で売られていた。

露店の商売人に信仰の有無を確認すると、五人中四人が「信仰なし」と回答した。露店のある主人は「ここか

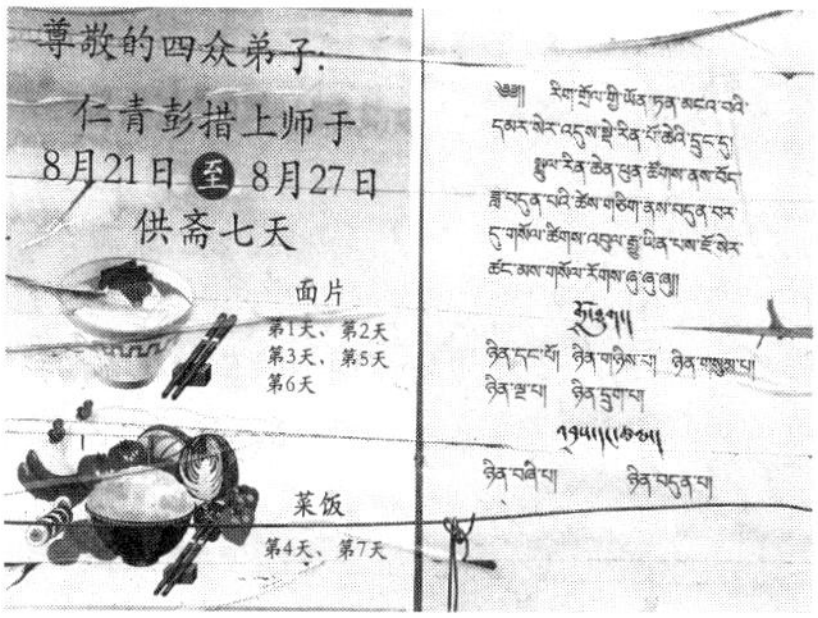

5-14　ラルンガル構内に貼られた「菜食提供」ポスター（2010年8月筆者撮影）

ら十キロほど離れた村の農民だ。雪の降らない夏と秋だけ饅頭を売りに来ている。工事の男や僧が買ってくれて助かっている。ラルンガルでこれほど大がかりな工事が続くとは驚きだ」と語った。

これまでラルンガルは漢人在家信徒の手で商業活動が支えられてきたが、概《おおむ》ね二〇〇〇年以降、信仰をもたない者が商売に参入したことで、ラルンガルの秩序に変化が見えてきた。

菜食の教え

豚の挽肉が入った包子は作業員たちに好評であったが、出家者の中には肉食を忌避する者も多い。図5－14はラルンガルで見かけた「菜食提供」のポスターである。生き物を故意に殺すことを戒める不殺生戒《ふせっしょうかい》は、在家信徒が守るべき「五戒」（不殺生、不偸盗《ちゅうとう》、不邪淫《じゃいん》、不妄語《もうご》、不飲酒）の一つであり、ラルンガルでは高僧ケンポ・ソダジやケンポ・ツルティム・ロドゥが菜食を強く奨励している。

一方で、牧畜民から「生計崩壊の恐れあり」という不満の声も上がっている。中国の都市部では、仏教信仰の有無にかかわらず菜食ブームが高まりを見せている。背景には添加物を多用した加工食品、結着剤を使用した成型肉への不安や健康志向があり、台湾の菜食ブームの影響も強く受けている。

商業施設を管理する僧はラルンガルでの食材流通に危機感を持っていた。「漢人観光客の流入により、ラルンガルが扱う食肉の量が増加している。出家者の中には菜食を否定する者も現れてきた。経済的に豊かな若い尼僧の中には、食への欲望を抑えられない者もいる」と。

万物は常ならず。目まぐるしく変化するラルンガルの中で、若き学僧たちは物や食への執着から解脱《げだつ》し、心の安寧を得られるのであろうか。

column ⑧

二〇〇八年チベット騒乱

二〇〇八年八月、四度目のラルンガル訪問を断念した私は、青海省内のチベット圏へ向かった。その時、同仁県の市街地で「黄南州二〇〇八年第一号通告」（二〇〇八年三月二十二日付）という政府文書を発見した。通告は「政府機関への襲撃やデモを行った者が自首した場合、罪を減じる」という内容であった。この時の政府と民衆の衝突は「二・二一同仁事件」と呼ばれており、一九五九年三月十日にラサで起こった「チベット民族蜂起」の記念日を前に、地元当局は事件関係者の摘発に躍起になっていた。つまり、三月のラサ騒乱より前の二月に、東チベットではすでに中国政府への抗議行動が始まっていたのである。

一般に「二〇〇八年チベット騒乱」と言えば、三月にチベット自治区ラサで発生したチベット人と治安部隊の大規模な衝突をイメージしがちである。しかし、騒乱はラサでのみ発生したわけではない。私は「二〇〇八年チベット騒乱」を二つに分けて考えている。

(a)「二〇〇八年ラサ騒乱」（二〇〇八年三月十日が起点）…三月十日ラサ・デプン寺僧侶の抗議デモを発端に、十四日の動乱を経て数日後に治安部隊が鎮圧し終息したもの。

(b)「二〇〇八年東チベット騒乱」（二〇〇八年二月二十一日が起点）…「二・二一同仁事件」から始まり、三月十日を経て青海省、四川省、甘粛省のチベット人居住地区に拡大し、八月の北京五輪開幕直前の時期まで断続的に発生したもの。

私は「二〇〇八年チベット騒乱」の主たる舞台は、ラサでなく東チベットであったと考えている。二〇〇九年二月以降、四川省阿壩《アバ》州や青海省同仁県を中心に「焼身抗議」が多発し、百数十名を超す犠牲者が出たことからも明らかである。東チベットでは騒乱終息後も、中国政府から監視を受けるゲルク派寺院を中心に怒りの火種が残っている（詳細は拙著『東チベットの宗教空間』第九章を参照いただきたい）。

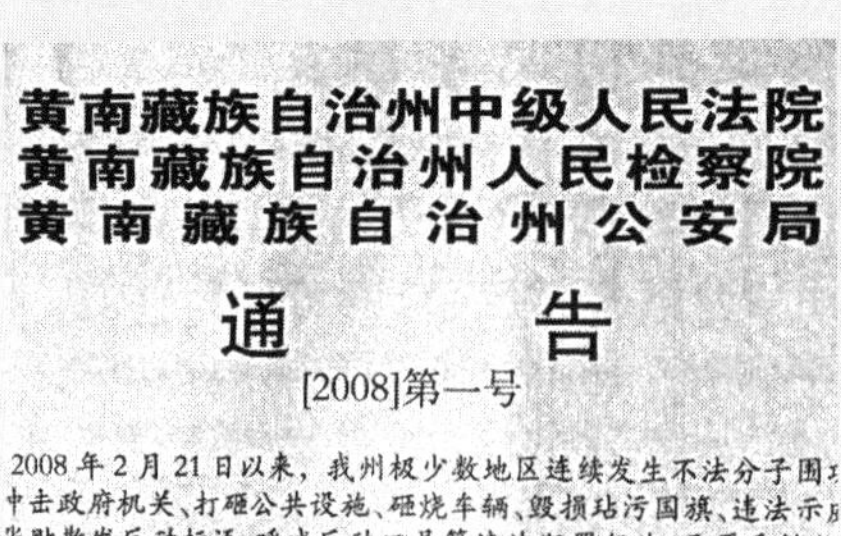
黄南藏族自治州中级人民法院
黄南藏族自治州人民检察院
黄南藏族自治州公安局
通　告
[2008]第一号
2008年2月21日以来，我州极少数地区连续发生不法分子围
中击政府机关、打砸公共设施、砸烧车辆、毁损玷污国旗、违法示
张贴散发反动标语、呼喊反动口号等违法犯罪行为，已严重触犯
民共和国刑法》。根据《中华人民共和国刑法》第六十七条规定：

2008年2月に青海省同仁県で大規模な抗議行動が発生したことを示す政府文書（2008年8月筆者撮影）

ネット上のラルンガル

ニンマ・インフォメーション

「ラルンガルの公式ウェブサイトを教えてほしい」という声がこれまで何度も私に寄せられたが、これまで公式サイトの存在は確認できなかった。

その理由の一つは、中国社会にとってラルンガルは政治的に〝敏感〟な場所と見なされてきたからである。一九八〇年のラルンガル仏教講習所誕生以後、ラルンガルは仏教を真剣に学ぶ者が集う場所であり、不特定多数の人への紹介は必要なかった。そして中国政府にとって、一万人を超す学僧が集まるラルンガルは外部の人間に知られたくない場所でもあった。ラルンガルでチベット仏教に帰依する漢人たちを赤裸々に描いた『ニンマの紅い輝き』が発禁処分を受けた背景にはこのような事情もあった。

5-15　ラルンガルの教学組織を掲載した「ニンマ・インフォメーション」のサイト

私がラルンガル調査を開始した二〇〇一年から二〇〇七年頃まで、「ニンマ・インフォメーション（寧瑪資訊）」という東チベットのニンマ派を支援する組織の草分け的なサイトがあり、ラルンガルとヤチェン修行地関連の情報が満載であった。ただし、二〇一九年初の時点で「寧瑪資訊」をウェブ検索しても、過去の文字情報や画像を確認することはできない。サイトが閉鎖された理由は不透明だが、組織内部の金銭トラブルも一因であると思われる（拙論「ヤチェン修行地の構造と中国共産党の宗教政策」を参照いただきたい）。

二〇〇一年にニンマ・インフォメーションを開設したのは趙本勇《ちょうほんゆう》居士（ハンドルネーム：寧瑪福勝、広西チワン族自治区南寧市出身）である。(1) 彼は当時、「仏教聯盟社区」というインターネット掲示板も運営していた。(2) サイト内の言語はすべて漢語であり、情報の受信者はチベット人ではなく、中国在住の漢人信徒や香港・台湾の華人信徒であった。サイトの運営は主に四川省成都在住の漢人信徒が行っていた。

ラルンガルが発展する過程で、ニンマ・インフォメーションが果たした役割が三つある。

(1)ラルン五明仏学院及びジグメ・プンツォ学院長に関する基本情報を提供した

(2)経済的に困窮する尼僧を救済するための支援活動を展開した

(3)「仏教聯盟社区」等のインターネット掲示板を通じて漢人信徒間の交流を促した

ニンマ・インフォメーションの更新は二〇〇三年から〇五年までは頻繁に行われたが、その後の更新は滞りがちであった。

掲示板「ニンマ論壇」

図5－16は二〇〇四年当時、ニンマ・インフォメーション内に置かれていたもう一つのインターネット掲示板「ニンマ論壇（寧瑪論壇）」である。掲示板の日付は一月九日、つまり学院長死去の二日後である。書き込みの一部を紹介する。

寧瑪福勝（趙本勇）　ラルン五明仏学院は本日いつもと変わらず平穏である。ケンポ・ソダジは午前中に「修行の扉を開く」を講じた。明日は「仏子行三十七頌」を講じる予定

投稿者A　法王様が亡くなられた。弟子は今日やっとそのことを知った。涙！！！！

投稿者B　泣くのはおよし！！！！ひたすら修行を続けなさい！中断はダメよ！

5-16 「ニンマ論壇」（2004年1月）

二〇〇四年当時、中国国内及び日本から掲示板の閲覧は可能であったが、投稿は外国人を含む登録会員に限られていた。私の印象では頻繁に書き込みが行われ、会員同士の顔の見えない交流が盛んであり、「荒らし」や「煽《あお》り」を狙った投稿は見当たらなかった。

当時、性格の似た漢人信徒の掲示板として、他のグループが運営する「大圓満論壇」、「如是《にょぜ》文化社区」、「鄔金《うきん》論壇」、「喇嘛《ラマ》千諾《せんだく》」、「十萬《じゅうまん》虹身《こうしん》聖地」があったが、二〇〇八年チベット騒乱以後、すべて閉鎖された。

貧困尼僧への支援活動

ニンマ・インフォメーションが果たした重要な役割の一つは、尼僧への経済支援活動である。尼僧の中には、家計の負担を軽くするために出家した者も少なくないからだ。図5―18（次頁）は、ラルンガルと並ぶ東チベットの聖域ヤチェン修行地（四川省白玉《ベユル》県）に暮らす困窮尼僧名簿（二〇〇三年）の一部であり、千七百八十五人の氏名と年齢を掲げ、サイトを通じて支援者を募っていた。同サイトにはラルンガルの尼僧名簿も掲載されていたが、現在私の手元に資料が残っていない。

尼僧の中には親元からの仕送りで生活可能な者もいるが、その割合は大きくない。彼女たちは全国の信徒から寄せられた祈祷や祈願の申し込みに読経《どきょう》を行うことで、ヤチェン本部から報酬を受け取ることができるが、生活費としては十分でない。数千人規模にまで膨れあがった尼僧集団の生活をまかなうには、外部からの資金援助が

编号	姓名	年龄	供养人	期限(1年:2003) 半年:(03.1-6月)	金额（多出广
1	加央	33	项礼		400元
2	尼玛拉毛	30	扎西卓玛	一年	3600元
3	才桑	34	扎西卓玛	一年	
4	才仁拉毛	27	扎西卓玛	一年	

5-18　ニンマ・インフォメーションに掲げられたヤチェン修行地困窮尼僧名簿

5-19「白蓮花」に掲載されたラルンガル高齢尼僧名簿

5-17　テンジン・ジャンツォ副学院長が命名した掲示板「大圓満論壇」

不可欠である。そこでニンマ・インフォメーションは尼僧を中心とした修行者全体への支援を募るプロジェクト「飢えと寒さに耐えつつ修行に励む尼僧を救済する活動」をスタートさせた。この活動を支える趙本勇居士の心を突き動かしたものは、空腹と病に苦しむ尼僧の姿であった。その時の悲痛な思いを彼は次のように語っている。(3)

「一九九八年の夏、ラルンガルを初めて訪問した時、腹部を抱えてうずくまる尼僧に出くわした。通りかかった漢人僧の話では、数日前から痛みが続いており急性虫垂炎が疑われた。当時のラルンガルには医療設備がないため、彼女をトラクターの荷台にのせて約二十キロメートル離れた町の病院まで連れていこうとしたが、彼女の所持金はわずかであった。別の尼僧が残飯の中から野菜の切れ端を拾い集めている場面も目撃した。ツァンパ［麦こがし］すら満足に食べられない者が黙々と修行に励む姿は痛々しいものであった」。

5-20　点滴姿の尼僧（2010年8月筆者撮影）

高齢の学僧と漢僧への支援

図５－19はテンジン・ジャンツォ副学院長のウェブサイト「白蓮花《びゃくれんげ》」の中に掲げられているラルンガルの高齢尼僧名簿である。概ね六十五歳以上のチベッ人尼僧への経済的支援を呼びかけている。活動は二〇〇八年に始まり、出家者一人に支援者が一人付き、毎月一定額の生活援助金が渡されている。活動の連絡先メールアドレス、及び「白蓮花」サイトのアドレスから、支援活動の管理は香港在住の信徒が行っていることがわかる。

図５－20は学院内で点滴を受けながら僧坊へ戻る尼僧の姿である。年齢に関係なく尼僧の多くが貧血や栄養不良等の体調不安を抱えている。点滴の瓶を傘や棒で高く掲げて歩く姿は、ラルンガルでは珍しくない。学僧の中には大きな経済格差が生じており、家庭の事情で十分な食費が確保できない尼僧は今も少なくない。

学僧への支援は現金送付だけではなく、現物支給も盛んである。特に広東省や四川省の在家

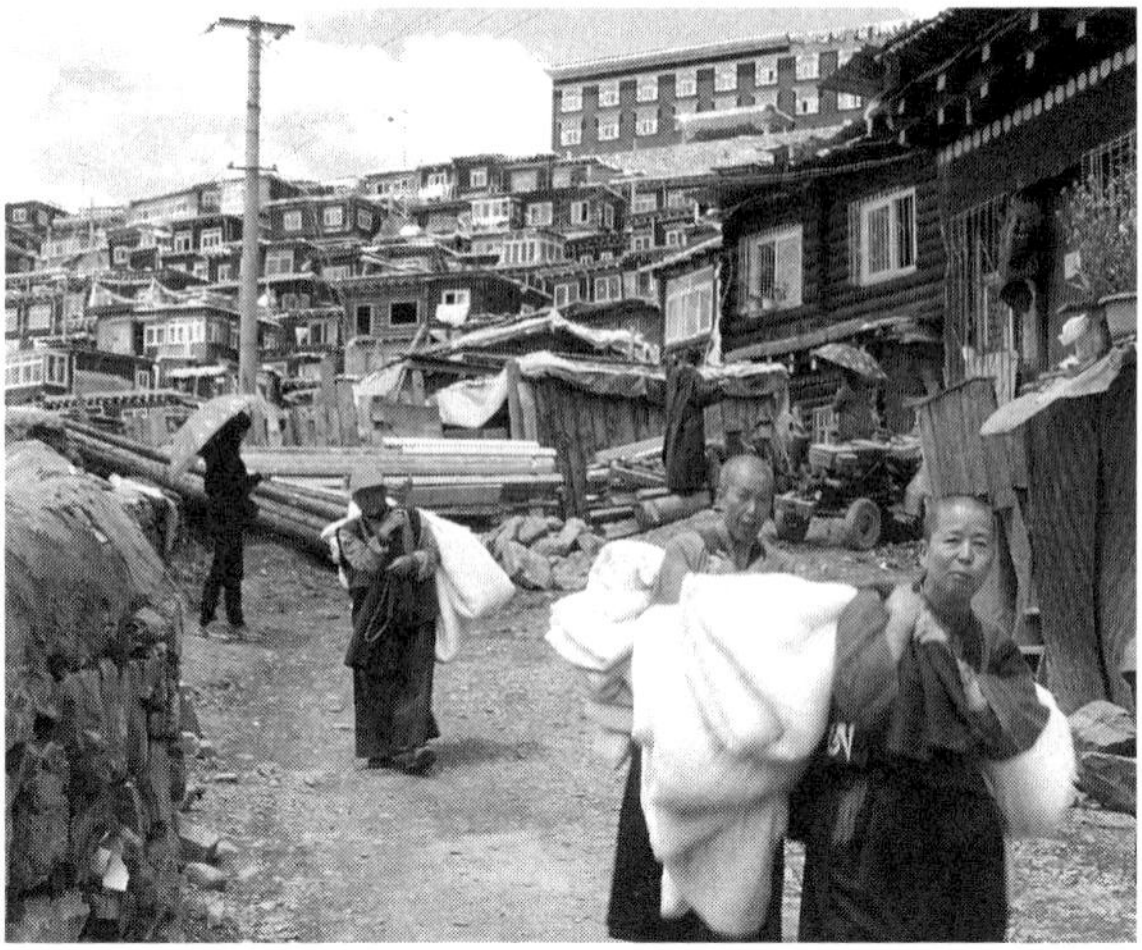

5-21　支給された布団を持ち帰る漢人尼僧（2011年8月筆者撮影）

信徒からの支援が多いと聞く。米、小麦粉、食用油、缶詰、カップ麺の他、僧衣や布団、毛布が随時寄贈され、希望者に支給される。多くの場合、支援者が成都で物資を購入し、トラックをチャーターしてラルンガルへ運ぶ。

一方、図5－21は布団の支給を受けた漢人尼僧である。「チベット人は貧しく、漢人は豊か」と一概に言えない現状がある。一九九〇年代にジグメ・プンツォ学院長は生活が困窮する漢人に毎月八十元の生活費を支給していた。そして一九九八年頃、漢人指導の責任者であるケンポ・ソダジが発起人となって「ラルン五明仏学院漢僧扶貧基金会」が組織され、生活に困窮する漢人の出家者や信徒への支援態勢が整えられた。ケンポ・ソダジのウェブサイト「智悲佛《ちひぶつ》網」によると、二〇一三年以降漢僧への支援は、生活物資の支給と生活費の貸与を中心とする態勢に変更したと記されている。(4)

(1)華蔵香堂（二〇〇四年設立）の代表・趙本勇と同一人物の可能性が高い。「華蔵香堂神香廠」http://www.huquan.net/detail/91908.html（二〇一七年五月十日閲覧）
(2)「寧瑪資訊網站（含仏教聯盟社区）正式独立為仏教公益事業公告」。http://bj2.netsh.com/bbs/94063/messages/13241.html（二〇〇六年二月二十七日閲覧）
(3)「慈悲普救——請您救済正在飢寒中刻苦修学女尼活動縁起文」。http://www.nmzx.com/cspj/（二〇〇六年三月十五日閲覧）
(4)「更新版：色達喇栄五明仏学院漢僧随用功徳会公告」。https://zhibeifw.com/gong-de/hsgdh/（二〇一九年二月二十五日閲覧）

column⑨ ラルンガル高僧の個人サイト

ラルンガルを代表する高僧のサイトを紹介する。サイト内のメニューは高僧の紹介、教学案内、講義動画、著作紹介、講演記録、慈善活動等である。ツルティム師のサイトには日本語版もある。

ケンポ・ソダジとケンポ・ツルティム・ロドゥは相撲に例えれば東西の横綱に相当する。二人の実力派ケンポ（学堂長）がラルンガルの運営と教学をしっかりと支え、中国国内の漢人信徒、香港・台湾そして海外在住の華人信徒へのインターネットを通じた教育に力を注いでいる。

副学院長のテンジン・ジャンツォ・リンポチェはラルンガルの相談役として、側面から運営をサポートしている。

ケンポ・イエシェ・プンツォは中堅ケンポのホープ的存在である。

テンジン・ジャンツォ・リンポチェ「白蓮花」
http://www.blh.hk/

ケンポ・ソダジ「智悲佛網」https://zhibeifw.com/

ケンポ・イエシェ・プンツォ「顕密佛網」
http://www.xianmifw.com/

ケンポ・ツルティム・ロドゥ「慧灯之光」
http://jp.luminouswisdom.org/

ソーシャル・キャピタルとしてのラルンガル

ソーシャル・キャピタルとは、人々の信頼関係や絆を社会の資本としてとらえる概念であり、「社会関係資本」と訳される。そのキーワードとなるのが信頼、結束、協調、寛容、ネットワークといった無形の人間関係であり、ラルンガルを読み解く重要な概念である。

というのも、二〇一〇年春、青海省を襲った大地震の震災救援活動を通じて、ラルンガルが東チベットと漢人社会、チベット人と漢人・華人を結びつけ、信頼や協調関係を築く上で有効な社会装置の機能を備えていることがわかってきたからだ。

＊

二〇一〇年の青海大地震

二〇一〇年四月一四日、夜明けから間もない東チベットの町をマグニチュード七・一の大地震が襲った。場所は青海省玉樹《ユーシュー》チベット族自治州の玉樹《ユーシュー》県一帯である。当日の夕方、中国のテレビ局が一斉に現地の被災映像を流し始めると、日干しレンガと土塀でできた民家がことごとく倒壊し、住民の多くが自宅で生き埋めとなっていることがわかった。掘り出された遺体は毛布やシーツに巻かれて、次々と丘の上の寺へ運ばれ、僧侶が対応に追われた。中国政府は最終的に約二千七百人の犠牲者が出たと発表したが、現地の高僧は一万人に達すると語った。

インターネットで中国の動画ニュースを確認している時、ある映像に目が留まった。二〇〇九年八月に私が宿泊したジェグ寺賓館《ホテル》が全壊し、大型重機の横で僧侶が素手で瓦礫《がれき》の山から生存者の救出に当たっていたのである。このホテルは玉樹《ユーシュー》県を代表するジェグ寺（サキャ派）が経営しており、私が泊まった際にも若い日本人客を見かけた。映像を見る限り、鉄筋コンクリートの躯体《くたい》は完全に崩壊し、壁材に用いられたレンガとブロックが山積みとなっている。ホテルを管理している二人の僧侶と服務員そして宿泊客は瓦礫の下にいるはずだ。

当日、日本人客が宿泊していた可能性があるため、中国駐在経験のある知り合いの新聞記者に連絡し、情報収集の際に注意を払って下さるようお願いした。地震発生から五十四時間後、このホテルから十三歳のチベット人少女が救出された。作業に当たったのは約二百キロ離れたゾクチェン寺仏学院（四川省徳格《デルゲ》県、ニンマ派）から駆け付けた僧であった(1)。おそらく宿泊客の大半は圧死したと思われる。

僧と信徒による緊急救援活動

被害は隣接する四川省甘孜《カンゼ》州にも及び、被災地の惨状は僧から僧へ、携帯電話を通じて甘孜《カンゼ》州各地の寺へ伝えられた。地理的に近く玉樹《ユーシュー》出身者が多いセルシュ寺（四川省石渠《セルシュ》県、ゲルク派）、チャンマ寺（四川省石渠《セルシュ》県、ニンマ派）、コンヤップ寺（青海省嚢謙《ナンチェン》県、カギュ派）、ゾクチェン寺、そしてラルン五明仏学院は直ちに多数の学僧を玉樹《ユーシュー》へ派遣した。

5-22　中国の国営テレビ局がチベット僧の救援活動を報道

政府系雑誌「中国宗教」によると、青海大地震の直後に玉樹《ユーシュー》県や称多《ティドゥ》県等から二千人を超す学僧が被災地に駆けつけたことが報告されている［中国宗教編集部2010:20］。消防、公安、武装警察部隊等、政府の救援態勢が整わない間、僧侶が中心となり犠牲者への読経や障害物の撤去、生存者の救出にあたった。チベット高原では消防を中心とした防災対策や災害救助の組織が未整備であるため、近隣の僧院が自主的に地震発生後の初期救助に当たることは珍しくない。

現地で救援活動の陣頭指揮を執った高僧の一人がラルンガルのケンポ・ソダジであった。

5-23　トラックの荷台に乗り被災地へ向かうラルンガル救援隊

漢人信徒の手記(2)によると、震災発生の翌日、つまり四月十五日に、ケンポ・ソダジと医療チームは、義捐《えん》金百六十万元（約三千二百万円）を携えて玉樹《ユーシュー》へ出発した。同時に漢人信徒のグループは寝具、防寒着、食料等の物資を調達し、成都からトラックで玉樹《ユーシュー》へ向かった。ラルンガル救援隊が開設した医務室は被災者の不安を和らげ、救助活動と食料の配布に奔走する学僧たちは被災者の心の支えとなった。

青海省政府が遺体の火葬を指示すると、ケンポ・ソダジは学僧とともに火葬場で祈祷を行った。一方、ラルンガルでは漢人信徒が犠牲者追悼法会に参加した。こうしてラルンガル救援隊は五日間の活動を終え、五日後の四月二十日に玉樹《ユーシュー》から撤退した。

玉樹《ユーシュー》にはジグメ・プンツォ学院長が若き日に学んだチャンマ寺仏学院の学僧たちも応援に来ていた。ツゥドン・ドジェ学院長が陣頭に立ち、率先して炊き出しや飲料水の配布に汗を流した。数日遅れで、西寧《せいねい》や成都から漢人信徒も食料と寝袋を届けにきた。

二〇一六年に私がチャンマ寺を訪問した際、学僧の一人が「懐中電灯を使って夜間も瓦礫を掘った。生存者の声が途切れた時、星空を見上げて泣き叫んだ」と語った。甘孜《カンゼ》州内のチベット寺院と都市部の漢人信徒による救援活動と連携は、ゾクチェン寺やヤチェン修行地でも確認されている。

漢人信徒の証言

二〇一一年八月、私は震災救援活動に参加した漢人信徒から話を聞くことができた。以下に要約する。

構成員はケンポ・ソダジ、チベット人の学僧、漢人信徒であった。常時五十から七十人が物資の配給、救護所の運営、食事係を務めた。漢人信徒はチベット語を理解できないため、主に食事係と雑務を担当した。炊事道具や米、穀物、小麦、調味料等はラルンガルから持参したものもあれば、甘孜《カンゼ》や石渠《セルシュ》で購入したものもある。食事は隊員や応援の僧侶たち、そして被災者にも配られた。コンロと鍋の数に限りがあったため、成都や西寧から到着した大量の食材をうまく活用できなかった。途中から台湾人信徒や重慶市から来た漢人尼僧も加わり、負傷者の応急処置や毛布の確保に奔走した。捜索活動や遺族への対応はチベット人僧侶が担当した。隊員すべてが顔見知りではなく、言語の違いからコミュニケーション不足を感じることもあった。興奮し悲嘆の表情の被災者も「ラルンガルからケンポ・ソダジが駆けつけた」と聞くと、次第に平静さを取り戻していった。日増しに軍人や公安関係者の数が増え、ラルンガルの救援活動全般に制限が加えられていった。

5-24　救援物資を配布するチャンマ寺救援隊

宗派・民族を超えた「ネットワーク」の意義

日本の社会に例えると、「お互いさま」という言葉に象徴される人や組織の間のネットワーク、それがソーシャル・キャピタルである。同じグループ内での結束を固めるような内向きな「結束型」と、異なるグループを結びつける「橋渡し型」があるが、チベット人及びチベット仏教各宗派を束ねる「結束型」ネットワークこそがラルンガルの財産であると言える。

二〇一〇年当時、ラルンガルの構成員は九割強がチベット人、一割弱が漢人であった。ケンポ・ソダジは漢人の出家者や在家信徒を統括する責任者であると同時に、チベット人の弟子も多数抱えている。使用する言語や教材が異なるため、平素学院内でチベット人と漢人が交流することはなく、僧坊を行き来することもない。これまでの状況を踏まえれば、今回両者が協力して震災支援活動に尽力したことは注目に値する。

救援隊には四川省や青海省等、都市部の漢人信徒も加わり、相互の信頼関係が構築され、民族を跨《また》いだ信仰の力が発揮された。つまり、ソダジ師への尊敬の念がチベット人と漢人、台湾人を結ぶ紐帯《ちゅうたい》となり、救援活動を通じて橋渡し型ネットワークが一時的に形成されたことを重視したい。しかし、遠隔地の漢人信徒や台湾人信徒も加わり多様性を発揮したネットワークは、救援活動の終了とともに、次第に元の希薄な関係に戻っていった。

こうしたチベット僧の献身的な活動は、震災発生直後こそテレビニュースでも報道され称讃されたが、震災から二週間後、政府はラルンガルの救援活動報道を規制し、漢人信徒がインターネット上に掲げた記事や写真の多くを削除した。中国において宗教組織の社会貢献活動は模索段階にあり、時の政治情勢に大きく左右されると言わざるをえない。

発禁となった記録映画

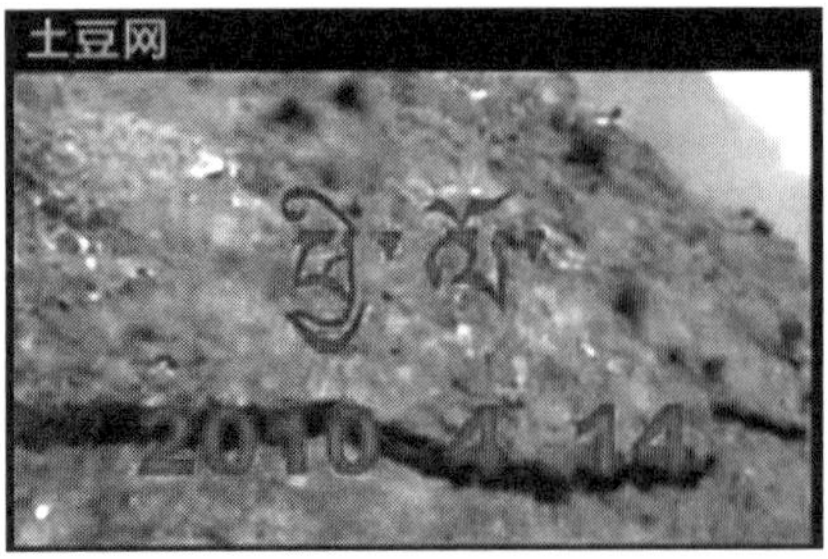

5-25　ラルンガル撮影隊の作品

平地から駆け付けた消防や公安の漢人救援隊員を悩ませたものは高山病であった。四千メートル級の高地は酸素が薄く気圧が低いため、頭痛や嘔吐が続き、救助犬も含めて十分な働きができなかった。

一方、高地で生まれ育ったチベット僧は、生き埋め者や負傷者の救出に大きな力を発揮した。その際、ラルンガルやコンヤップ寺の高僧は、救援活動のかたわら被災地の現状を動画で記録した。目的は玉樹《ユーシュー》県の惨状と地震の恐怖を後世に伝え、死者の魂を鎮め、遺族と悲しみを共有するためである。

ラルンガル撮影隊はケンポ・ソダジが率いた学僧の救援活動、物資の支給、被災者の生活、遺族へのメッセージ、犠牲者への読経、集団火葬等の様子を記録した。作品は中国の動画投稿サイト「土豆網《トゥードゥ》」に掲載されたが、直後に当局が削除を命じた。当局の許可なく宗教組織の救援活動が作品化されたこと、救援の際に

学僧が被災者へ現金を配布したこと等を問題視したのである。(3)

かつてラルンガルで学んだことのあるコンヤップ寺（青海省嚢謙《ナンチェン》県、カギュ派）の高僧ケンポ・カルツェも同様の記録映画を制作した。被災者や遺族へのインタビューが多数収録され、チベット人の団結やチベットの伝統文化を尊重した復興政策の実施を求めた点に独自性がある。案の定、公安当局は即座にＤＶＤの回収を命じた。当局はケンポ・カルツェが取り組んできた宗教活動の自由やチベットの人権擁護等の主張を反政府的行動と見なしたからである。

二つの記録映像の共通点は、チベット僧の視点から生命の尊さ、民族の誇り、災害時に宗教が果たす役割を訴えていることだ。映像の主役はチベット僧と被災者であり、消防・公安・軍隊の勇敢な行動を讃えたものではない。

中国では震災救援活動の主役はあくまでも政治であり、宗教は政治が定めた範囲内で救援活動を行うことが許される。したがって、チベットの民族と宗教という視点から編集された作品は、政治が主導する救援活動への「批判的」メッセージと判断されたのである。

(1)「青海玉樹地震災区僧侶救援隊支援救出十三歳女孩」。http://www.fjnet.com/shxx/tj/201004/t20100417_152504.htm（二〇一〇年九月二日閲覧）

(2)「上師仁波切親赴災区動態跟蹤」。http://www.zhibeifw.com/yushu0416.htm（二〇一〇年八月二十八日閲覧）

(3) 唯色「玉樹地震一個月、救援僧侶被〝喝茶〟……」http://woeser.middle-way.net/2010/05/blog-post_14.html（二〇一八年八月五日閲覧）

column ⑯

色達《セルタ》県幹部が語ったラルンガル

陳暁東は『ニンマの紅い輝き』第二十章の中で、色達《セルタ》県の二人のチベット人幹部を訪問したと記している。

一人目は色達《セルタ》県人民代表大会常務委員会副主任（県議会の幹部）である。彼は陳暁東に次のように語った。

ラルンガルは学問の場であり、一般の寺院とは役割が異なる。これまで仏学とチベット文化の両面で多くの優秀な人材を輩出してきた。地元のチベット人はジグメ・プンツォ学院長に全幅の信頼を置いている。昨今大卒の漢人が定職を捨ててラルンガルで学ぶ姿は尊敬に値する。仏教、チベット文化、経済活動を融合させることで色達《セルタ》県は観光拠点として発展する可能性を秘めている。

もう一人は中国人民政治協商会議色達《セルタ》県委員会主席（党と政府に助言を行う統一戦線活動組織の幹部）である。

ジグメ・プンツォは一九九〇年三月以降、県政治協商会議に出席し、副主席を務めている。彼はまじめに会議に出席し、副主席の務めを果たしてきた。ここ数年の活動で、一気に高僧としての知名度を上げているようだ。仏教の興隆と経済発展の関係は複雑だ。例えば殺生を禁じる教えと牧畜業の両立が困難なように。ただし、仏教が社会の安定と民族の団結に積極的な働きをしていることは確かだ。

二人の幹部の発言の中で共通する点は、ラルンガル及びジグメ・プンツォ学院長をチベット人の結束を強め、地域の安定を支える存在と見なしていることだ。地元のチベット人幹部は、ラルンガルの僧を尊敬し、ラルンガルが結ぶ絆こそが地域の財産（ソーシャル・キャピタル）であることをよく理解している。

『ニンマの紅い輝き』に紹介されたエピソードから、地元のチベット人幹部は中国共産党に対して常に面従腹背の姿勢を保ちつつ、ラルンガルにたっぷり愛情を注いできたことが伺える。

第6章 ラルンガルはどこへ行く

★北京市街の仏教書専門店。ケンポ・ソダジ等ラルンガル出身の高僧が著した仏教エッセイ集が並ぶ（２０１７年10月筆者撮影）

信仰なき宗教ツーリズム

急増する国内観光客

現在、ラルンガルを悩ませているものが二つある。一つは中国共産党が強行する「ラルンガル改造計画」（後述）の行方。もう一つは「信仰心を持たない訪問者」の急増である。

訪問者とは主に、漢人の旅行者やカメラマンを指している。ただし、訪問者の増加は中国政府によるラルンガル管理の方針転換が原因であり、政府当局が張った〝結界〟を当局自身が破った結果と言える。

中国では都市部住民の観光熱が年々高まりを見せている。なかでも、漢人がチベット自治区を訪れる団体旅行や個人旅行は異常なほどの過熱ぶりだ。所得の向上、大型連休の定着、航空路線網の拡張、インターネット上の観光情報の充実といった要因が、国内観光産業という巨大な市場を形成してきた。チベット自治区ラサ行きの定期便をもつ中国国内都市は四十余りを数えるまでになり、なかでも成都―ラサ間は一日に二十便が飛ぶドル箱路線に成長した。

一方で、世俗化したラサ観光に飽きたらない観光客や写真家が、新たな秘境を探してチベット高原の東部、つまり四川省、青海省、甘粛省、雲南省内のチベット圏を目指し始めている。とりわけ四川省の甘孜《カンゼ》州や阿壩《アバ》州に熱い視線が注がれている。各地に空港（青海省の玉樹《ユーシュー》、雲南省の香格里拉《シャングリラ》、四川省の九寨溝《きゅうさいこう》と稲城《ダッパ》等）が新たに整備されたことにより、バスによる長距離移動の苦痛から解放されてきた。

自由旅行を意味する漢語「自助游」やバックパッカーを意味する「背包族」という言葉も定着した。プロ・アマを問わず、カメラマンたちが自家用車で、もしくはランドクルーザーをチャーターして悪路をひた走る姿は珍しくない。彼らが追い求めているのは、手つかずの自然と素朴な人情、そして人々の祈りの姿である。

秘匿《ひとく》されてきた色達《セルタ》

中国共産党はラルンガルを中心とする色達《セルタ》県を政治的に〝敏感〟な場所と見なしてきた。その理由として、中国共産党が注視してきたチベット仏教の活動拠点があること、四川省と青海省との境界紛争を抱えてきたこと、四川省内で有数の貧困地区に指定されていること等が考えられる。そしてもう一つの理由が、ラルンガルが位置する洛若《ヌブシク》村が砂金採取の場所であったことだ。「金馬像」（81頁）が色達《セルタ》の象徴と見なされる所以《ゆえん》はここにある。

6-1　洛若村で砂金を採取するチベット人（『印象色達』30頁）

色達《セルタ》県政府が編纂《さん》した県の資料集によると、洛若《ヌブシク》村の砂金取りは古来より瓦須部落の頭目の管理下にあった［蔣秀英主編2005:48-51］。中華人民共和国誕生後、一九七〇年代末より色達《セルタ》県政府の企業局が大衆を動員して採掘にあたらせた。そして一九八六年、「県黄金公司」を設立後、大型採取装置を導入した結果、大きな利益を上げるに至った。

一方で、その間に黄河や長江の上流域で森林伐採や薬草の乱獲が深刻化したため、中央政府は一九九八年に天然資源保護政策を打ち出し、資源の乱獲に歯止めをかけたことにより、洛若《ヌブシク》村の砂金採取は二十年間の歴史に終止符を打ったのである。結局、色達《セルタ》県は砂金事業で十分な資金を蓄えたが、貧困の解決に活かされることはなかった。

このような複雑な理由により、ラルン仏教講習所が開設された一九八〇年から二〇〇八年チベット騒乱の頃まで、ラルンガルの存在が外部に紹介されることはなかったのである。

　いくつか例をあげてみる。中国で発行された観光ガイドブック『四川蔵区之旅（四川省チベット地区の旅）』［青鳥探路2002］には、甘孜《カンゼ》州全十七県の中で色達《セルタ》県のみ項目がない。同じく二〇〇二年に出版されたガイドブック『蔵《チベ》地《ット》牛皮書』［一直2002］にも、色達《セルタ》の項目はあるがラルンガルへの言及はない。出版の前年にラルンガルで粛正事件が起こり、外国人や漢人観光客の来訪が制限されたことが背景にある。

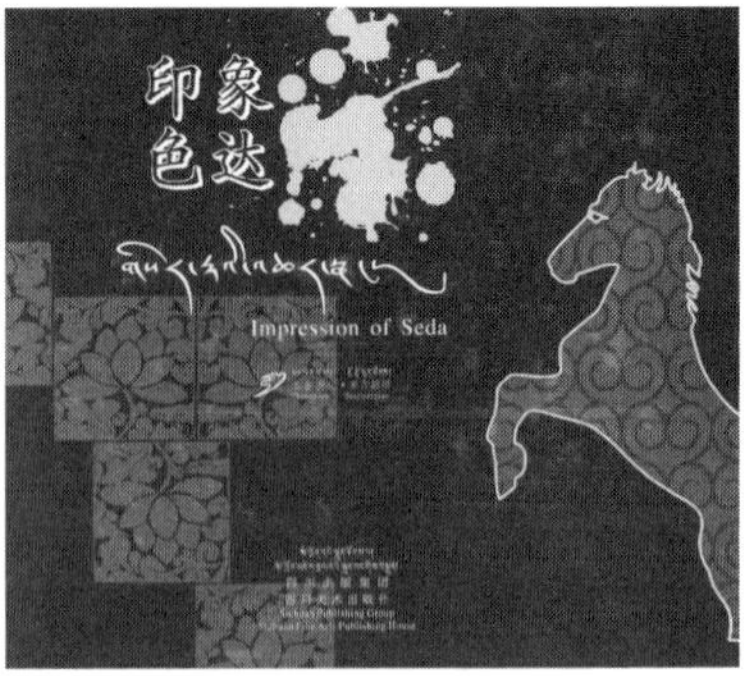

6-2 『印象色達』。ラルンガルの写真が掲載されてない

　図6－2は著名なチベット人写真家ドジェ・プンツォ（一九五四～）の作品集『印象色達《セルタ》』［熱貢・多吉彭措2009］である。一九八〇年代以降の色達《セルタ》の変遷が記録されているが、残念なことにラルンガルの写真は一枚も収められていない。色達《セルタ》出身のドジェ・プンツォにとって、ラルンガルは精神的支柱であるはずなのに。

　その理由は『印象色達《セルタ》』が中華人民共和国成立六十周年事業の一環として出版されたからである。冒頭には中国共産党色達《セルタ》県委員会と色達《セルタ》県人民政府の挨拶が掲げられており、色達《セルタ》県が「観光資源に恵まれ、今後の発展が約束される地」として描かれている。

　三冊の共通点は事《こと》なかれ主義、つまりラルンガルの情報や写真を掲載することで党や政府との間に生じる軋轢《あつれき》を回避したのだ。このような編集方針は、御上《おかみ》への忖度《そんたく》に他ならない。

女性カメラマン・張華《ちょうか》

　中国の忖度文化に風穴を開けたのが、女性カメラマンの張華《ちょうか》である。ラルンガルの写真を中国の正規出版物に載せたのは、おそらく紀行文集『四川北西高原単独行』［張華2003］が初めてであろう。

　構成は、第一章「成都から色達《セルタ》」、第二章「色達《セルタ》」、第三章「紅原」、第四章「阿壩《アバ》」である。一見平凡な女性カメラマンの旅行記であるが、特筆すべき点は、一九九八年という情報空白期の色達《セルタ》とラルンガルでの見聞を二〇〇三年の時点で公表したことである。

一九九八年七月、張華はあるフリーカメラマンの事務所で「中国摂影報《せつえいほう》」（一九八七年創刊の写真業界紙）に掲載された色達《セルタ》の風景写真を見て大きな衝撃を受け、すぐにカメラを担いで現地へ向かった。著書には色達《セルタ》市街、カム地方の男女、雄大な自然、英雄ケサル王の劇、鳥葬台、トンガ寺（四川省色達《セルタ》県、ニンマ派）の化身ラマとの交流、そしてラルンガルが六十六頁にわたって紹介されている。

ラルンガルの写真は十二枚掲載されているが、中でも注目すべきものが三枚ある。一枚目は漢人指導担当のケンポ・ソダジ、二枚目は四川省徳格《デルゲ》県に修行道場を持つラルンガル出身の高僧シェーラ・ゾンボ（一九六三〜）、三枚目は僧が手作業で経典を木版印刷する「印経院《いんきょういん》」である。当時、大経堂《だいきょうどう》の横に二階建の印経院があり、限られた僧のみが入室を許されていた。

張華はラルンガルで学ぶ漢人出家者の存在に触れているが、その後に行われた僧坊破壊や学僧追放の一件にはまったく触れていない。本書の主眼は、あくまでも深圳《しんせん》（香港に隣接する経済特区）という大都会に暮らす若者の目に映った異文化体験の紹介にあり、政治と宗教の緊張関係を報告したものではない。

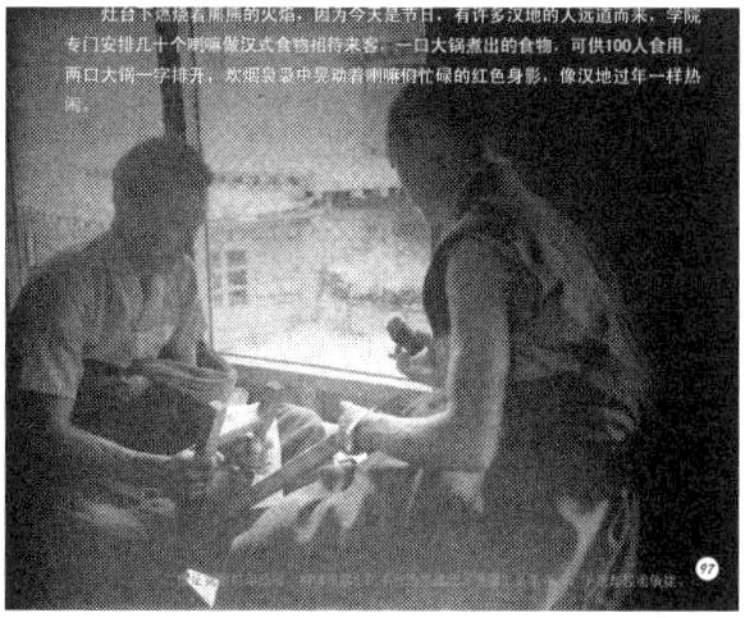

6-3　ラルンガル印経院で経典を印刷する僧（『独行川西北高原』97頁）

中国では、正規の出版物は政府が事前に内容を審査し合格した後に出版される仕組みである。中国政府が警戒するジグメ・プンツォ学院長が幽閉されていた時期である二〇〇三年に色達《セルタ》及びラルンガルを大きく扱った書籍がなぜ出版を許可されたのか、現時点では不明である。

ガイドブック『天府聖域《てんぷ》』

二〇〇四年になると『天府《てんぷ》聖域』［鄭紅2004］という漢人バックパッカー向け

のガイドブックが出た。タイトルの「天府」は四川省を指し、「土地が肥沃《ひよく》で物産が豊富」という意味が込められている。著者は成都の新聞「読者報」の編集者であり、内容は色達《セルタ》までの交通手段、宿泊事情、鳥葬台、仏学院概略、四大法会《ほうえ》等である。

このガイドブックの特筆点は、ラルンガル特有の「注意事項」が設けられていることだ。

【注意1】僧・尼僧・居士《こじ》それぞれの居住区で秩序を乱さないこと
【注意2】多数のタブーをきちんと理解すること。夜九時に公安による宿泊チェックあり
【注意3】色達《セルタ》では身分証の確認あり。勤務先の紹介状持参を推奨する。外国人の来訪は不許可
【注意4】高地に位置するので体温保持と高山病に注意

【注意3】の「勤務先の紹介状持参を推奨」には、漢人旅行者が二〇〇二年頃に体験したラルンガル特有の〝敏感さ〟がよく表現されている。『天府聖域』が出版されたのは二〇〇四年九月、つまりジグメ・プンツォ学院長逝去から八ヵ月後である。カリスマ的宗教指導者の死が出版認可を導いたと考えられる。

漢人・華人信仰者のラルンガル巡礼

私が二〇〇七年に訪問した時点までは、色達《セルタ》県公安局がラルンガルの入り口にチェックポストを設けて、外国人の進入を禁止していた。漢人はチェックポストで身分証を提示し、カメラを預けた後に入場が許可された。ただし香港や台湾から来た華人への入場制限は行われていなかった。

住宿
到色达喇荣五明佛学院，有招待所，由于楼层和设施的不同，房价分5元、7元、10元。但是条件非常不好，没有电，没有水，厕所为公用厕所。用水只有到山下的泉眼处打水。因为海拔很高，晚上很冷，招待所内的被子是不足以御寒的，所以一定要带上够暖的睡袋。在佛学院外的洛若乡可以住宿。
川西饭店：老板是一个汉族人。提供餐饮及住宿。住宿每人10元。这里也是搭乘色达到炉霍及成都等地等过路车的地方，具体的时间可以向老板打听。
佛学院有IP电话，小卖部里也有电话。
餐饮
佛学院里，在大经堂附近有一家餐馆，提供简单的川菜，味道一般，但已经是这里最好的待遇了。价格非常便宜，往往看主人的心情。一般荤菜10元，素菜8元。

6-4　乗り合いトラクターでラルンガルへ向かう漢人バックパッカー（『天府聖域』262頁）

ラルンガルを訪問する漢人・華人は、信仰を持つ者と持たない者に大別される。信仰を持つ者とは、ケンポ・ソダジやケンポ・ツルティム・ロドゥ、ケンポ・イェシェ・プンツォなどの高僧に直接師事する者、インターネット上で高僧の講義を受講する者、ラルンガル高僧の仏教エッセイ集の愛読者等、幅広い層から構成される。信仰の入口にたたずむ者も含めた広義の信仰者にとって、ラルンガルは聖域であり、ラルンガル訪問は巡礼である。ラルンガルは漢人・華人にとって開放型の新たな聖域と言える。そして巡礼のスタイルは各々が現地に赴く個人型である。漢人や華人のラルンガル巡礼が始まったのは、仏学院が漢人の受け入れを開始した一九九〇年頃と考えられる。ただし彼らの中にはラルンガル到着後、出家の準備を始める者もいるため、巡礼は片道で終わることもある。

信仰なきラルンガル・ツアー

漢人観光客のラルンガル詣《もう》でが始まったのは二〇〇八年チベット騒乱以降であり、二〇一〇年以後その流れが一気に本格化した。彼らの多くは信仰を持たない訪問者である。そして彼らを強く惹《ひ》き付けるものは、巨大な僧坊群の撮影、鳥葬の見学、そして海抜約四千メートルでの高地体験である。ラルンガルが学問と修行の場であることを考えれば、彼らは秩序を乱す侵入者である。しかし同時に、一種の宗教的な体験を求め、新たな世界観を獲得することを期待する「にわか巡礼者」でもある。

私が二〇一二年を最後にラルンガルでの現地調査を中断した理由は、急増した漢人観光客の勝手な振る舞いに強い違和感を覚えたからだ。ラルンガルの学僧も同じ思いであろう。違和感の原因は一眼レフカメラと望遠レンズだ。中国では富裕層や中間層を中心に、個人やグループでの撮影旅行が盛んになってきた。以下に、二〇一七年五月に募集されたツアーを紹介する。(1)

「ラルンガル・ヤチェン修行地・甘孜《カンゼ》八日間」

6-5　カメラマンにとってもラルンガルは聖域である（『行摂川西』140頁）

【日程】二〇一七年五月十八日～二十五日
【行程】成都→ラルンガル→甘孜《カンゼ》→ヤチェン修行地→丹巴《ロンタク》→成都
【費用】五千五百元（四人一台）～六千四百元（三人一台）、宿泊・食事込
【撮影指導】中国写真家協会会員
【車輌】トヨタの四輪駆動車七台

成都現地集合による参加費用の平均六千元（約十二万円）のツアーは相当豪華なものである。キヤノンのカメラやニコンのレンズに人気があり、撮影機材だけで百万円を超すカメラマンも珍しくない。募集にあたり注意事項として、「ラルンガルでは諸事情により僧坊の解体撤去が行われており、今後大きく姿を変える可能性がある」ことが申し添えられている。主催者である漢人カメラマン自身もラルンガルが持つ〝敏感〟さを感じ取っていた。

図6―5は四川省内のチベットエリアを対象にした撮影指南書の一頁である。撮影スポット、構図、露出、感度、シャッター速度といった撮影技術の説明及び気候、交通、宿泊に至るまで事細かに紹介されている。ラルンガルに一般のカメラマンが出入りするようになったのは、概《おおむ》ね二〇〇〇年以降のことである。皮肉なことにラルンガル粛正事件がきっかけとなり、人煙まれな山奥の谷間に数千の僧坊群が広がる光景の物珍しさに、一部のカメラマンが注目したのである。男性カメラマンが尼僧の生活エリアに無断で入り込み、修行の様子を隠し撮りするなど粗暴な振る舞いも次第に目立ち始めた。カメラ越しの視線は学僧たちの警戒心をますます高めている。

⑴「色達仏国五明仏学院亜青寺甘孜8天7夜摂影創作団」。http://chuansong.me/n/1785325752523（二〇一七年五月二十四日閲覧）

商業化に揺れる鳥葬

信仰を持たない訪問者が次々とラルンガルへ押し寄せている。

彼らを駆りたてたものは何なのか。その一つが鳥葬の見学である。ラルンガルに鳥葬場があることを私に教えてくれたのは、他ならぬ『ニンマの紅い輝き』である。場所はラルンガルの裏山、開始時刻は毎回正午。一九九三年当時、陳暁東《ちんぎょうとう》がラルンガルの僧に見学を希望すると、僧は「鳥葬師と口を利かない」ことを条件に許可を出したという。

「ラルンガルで鳥葬された者は地獄・餓鬼《がき》・畜生《ちくしょう》に落ちない」というジグメ・プンツォの教えに基づき、ラルンガルには毎日青海省や甘粛省からも遺骸が運ばれてくる。ジグメ・プンツォは僧に「鳥葬時の読経《どきょう》は出家者の務めであり、遺族から布施を受け取ってはならない」という教えを守らせた。

二〇〇四年の夏、二度目のラルンガル訪問時に、招待所から仏塔の裏手を通って鳥葬場まで歩いてみた。時刻は十一時、あたりには誰もいない。白い仏塔の周囲には経文《きょうもん》が印刷された旗が張りめぐらされていた。旗が風になびくと、経文に書かれた仏の教えが幾千里も越えて衆生《しゅじょう》のもとへ届けられると言われている。仏塔に近づくと、あたり一面に脱ぎ捨てられた衣服や靴、そして亡骸《なきがら》を運んだ竹カゴが散乱している。よく見ると足下には割れた頭蓋骨や太い背骨の一部が落ちている。チベット高原は空気が乾燥しているとはいえ、目まいがするほど鼻をつく臭気が漂う。十二時頃、漢人女性四人のグループがやってきた。

「私たちは成都から観光に来たの。日本人がラルンガルの鳥葬を知っているとは信じられないわ。ここは部外者立ち入り禁止のはず。私たちは色達《セルタ》県旅游局［観光担当部署］の許可を得てから来たので問題ないけど。実は、チベット人の担当者は私たちの見学を快く思ってないみたい。ほらほら、もうすぐ始まるわよ」。

6-6　旧鳥葬場で読経するラルンガルの僧（2004年8月筆者撮影）

しばらくするとその日に葬られる遺体がジープの荷台に載せられて運ばれてきた。ほどなく数名の僧が到着し読経を始めると、二人の鳥葬師が手際よく遺体を解体し、ハンマーで骨を砕いた。百羽ほどのハゲワシが百メートルほど離れた丘の中腹に陣取り、じわじわと「獲物」目がけてにじり寄ってくる。鳥葬師は二度三度とハゲワシを追い払い、遺体を守る。その後、鳥葬師の合図とともに、ハゲワシは一斉に亡骸を貪《むさぼ》り始めた。凄まじい食いっぷりである。

チベット人にとって、死後自らの身体を鳥に捧げることは最高の功徳とされている。五分後、ハゲワシは天高く舞いながら姿を消していった。

ラルンガルの鳥葬師

二〇〇七年、三度目のラルンガル訪問時、丘の上の大仏塔を遺族が紅い棺《ひつぎ》を担いで何度も回る光景を見た。チベット人の祈りの作法は、寺院、仏塔、マニ塚など聖なる物の周囲を時計回りに歩くことだ。仏塔の周囲を数周した後、棺は小型トラックに載せられて、テンジン・ジャンツォ副学院長の僧坊前の空き地へと移動した。遺族が副学院長に読経を依頼すると、五名の僧がやってきて読経を始めた。約二十分間、静かに時間が流れた。読経が終わった後に話しかけると、遺族の一人が「甘粛省の瑪曲《マチュ》［ラルンガルまで二百キロの距離］から父の亡骸を運んできた。ラルンガルでの鳥葬は父が希望したんだ」と教え

6-7　棺を担ぎ大仏塔を巡る遺族（2007年8月筆者撮影）

6-8　ラルンガルの鳥葬師（2007年8月筆者撮影）

てくれた。仏が宿るラルンガルは人の来世への旅立ちを見送る場でもある。

この日ラルンガルで、別のある男が漢語で私に話しかけてきた。彼は長髪を後ろでくくり、手に数珠を握っていた。

「俺はラルンガルの鳥葬師だ。ここで写真を撮ってくれないか。親父、兄貴、俺の三人で切り盛りしているので、明日ぜひ見学に来てくれ。写真ができたら送って欲しい」。

その日、奇遇にも広いラルンガルの中で彼と三度遭遇した。鳥葬場に呼び寄せられたような不思議な縁《えにし》を感じた。

鳥葬のアトラクション化

二〇一二年、六回目のラルンガル訪問の際、あの鳥葬師と再会したいと思った私は、甘孜《カンゼ》からチャーターした車でラルンガル入口の丁字路に到着した時、運転手に鳥葬台へ向かってもらった。その時、八年ぶりに再訪した鳥葬台を見て、私は愕然《がくぜん》とした。

先ず、鳥葬台の位置が丘の下、つまり道路から近い場所に移転されていたからである。コンクリート製の仏塔が新たに作られ、不自然に石柱を並べた演出がなされている。鳥葬はすでに始まっており、大型カメラを構えた漢人観光客約百人が見学と撮影を行っていた。何とも見苦しい光景だ。葬儀が醸し出す荘厳な雰囲気などまったくなく、一種のショーと化していた。

誰が何の目的で鳥葬台を移動させたのか。資料によると、ラルンガルに鳥葬台が開設されたのは一九八六年、つまりラルンガル仏教講習所が開かれて六年後で

6-9　移転後、過剰に演出された新鳥葬台（2012年8月筆者撮影）

あった。[1]ジグメ・プンツォの評判が高まるにつれて、ラルンガルへ運ばれてくる亡骸の数は増加し、やがてあたり一面に衣類やゴミが散乱するありさまとなった。二〇一〇年にテンジン・ジャンツォ副学院長が見学した際、無秩序な現状を嘆き、新たな鳥葬台の建設を「決断」したという。そして自ら移転場所を決定すると、測量に参加し、レリーフの図案作成も指導した。こうして二〇一四年に完成したのが現在の新鳥葬場である。大型駐車場も完備され、観光客は自家用車で来場し、鳥葬ショーを容易に見学できるようになった。

ただし、テンジン・ジャンツォは学院の指導者として新鳥葬場建設計画の陣頭指揮を執らされたのであり、この任務は決して本意ではなかったはずだ。計画を立案したのは、地元色達《セルタ》県政府と考えるのが自然であろう。目的は信仰を持たない訪問者への「おもてなし」、つまり観光振興である。

〝消費〟されるラルンガル

写真コンテストへの応募、個展の開催、写真集の出版など、カメラマンはラルンガルを聖なる商品と見なして大胆に消費しはじめた。ラルンガルでの撮影及び作品の公開（インターネット、個展、出版物）に関して、大きな障壁はなくなったが、小さなタブーは依然として存在している。

漢人観光客にとって、ラルンガルは非日常的空間である。つまり、「異民族であるチベット人居住地区」であること、「海抜四千メートルの高地」であること、そして「政治的に敏感な場所」であることを指している。二〇〇四年のジグメ・プンツォ逝去と二〇〇八年チベット騒乱の終息以降、ラルンガルの持つ〝敏感さ〟はかなり弱まったとは言え、二〇一九年初の時点で外国人のラルンガル訪問が禁止されていることを考えれば、やはり間違いなくここは〝敏感な場所〟であり続けている。表現を変えれば、信仰なき漢人にとってラルンガルは「訪れるに値する」特殊な秘境であり、ラルンガル訪問は彼らにとって「日常性を突破する行為」なのである。

6-10　閻魔洞の制作指導を行うテンジン・ジャンツォ

そして、漢人訪問者の増加は、チベット仏教を秘かに信仰する中国共産党員（主に漢人）にとっての隠れ蓑《みの》にもなっている。中国では党員が宗教信仰を持つことは許されないが、近年秘かにキリスト教やチベット仏教を信仰する党員が急増する傾向に当局は頭を痛めている。チベット仏教を信仰する漢人の党員がラルンガルへ巡礼に行くことは本来許されない。ただし、ラルンガルの観光化が進展することにより、観光を装った巡礼が増加していることも事実である。今や「党員の宗教信仰を解禁してほしい」という切実な声が党員自身から発せられていることにも注目しておきたい。

ラルンガルで鳥葬を見学し、人間の実存の究極性に関わる深い感情と向き合う。海抜四千メートルの高地では、低酸素低気圧という自然条件が頭痛・嘔吐・不眠といった体調不良を引き起こすことがある。時には興奮状態が発生し、神仏との遭遇という精神状態に陥ることもあるという。若者にとって平地と異なる意識を探ることは大きな魅力だ。ラルンガルは宗教と観光が交差し融合するパワースポットに変容しつつある。この潮目を変えることはもうできない。

(1)「喇栄五明仏学院屍陀林——帯你走進生命輪回的真相」（アメリカ智悲講修菩提学会）。http://www.bicw.org/news/buddhism/1923.html（二〇一七年五月十三日閲覧）

column ⑪ 写真家・野町和嘉《のまちかずよし》とラルンガル

野町和嘉《のまちかずよし》（一九四六〜）は、「大地と祈り」をテーマに活躍する写真界の大御所である。二十二歳で杵島隆《きじまたかし》に師事し、二十五歳でフリーの写真家となった。一九七二年にサハラ砂漠を訪れ、地平線の彼方から世界を眺める視点を身につけたという。その後、アフリカ、中近東、中国、チベット、サウジアラビア、アンデス、インド等、地球を股にかけた撮影を精力的に続けている。

私が野町に興味を抱いたきっかけは、写真集『長征夢現《ゆめうつつ》』である。「長征」とは、国民党との戦いの中で劣勢の中国共産党率いる紅軍が一九三四年から三六年にかけて約一万二千五百キロメートルを敗走した軍事行動を指す。私が東チベットを調査地に選んだ理由の一つは、ここに毛沢東と中国共産党の足跡が色濃く残っているからでもある。『長征夢現』は野町が一九八〇年代にかつての長征ルートをたどり、そこに生きる農民や僧の姿を捉えた意欲作である。長征とは中国共産党が喧伝《けんでん》するような輝かしいものではなく、苦渋に満ちた逃避行であった。ページをめくると、寡黙で冷徹な表情をした人々の視線が私の心に深く突きささった。二十代の私に衝撃を与えた一冊だ。

野町は二〇一四年に東チベットを再訪し、先にヤチェン修行地で撮影を終えた後、ラルンガルへと向かった。当時の見聞がエッセイ集『地平線の彼方から』に記されている。

アチェンガル［ヤチェンのこと］から二日間のドライブで到達したラルンガル僧院は、標高四千メートルを超す広い谷あいに位置していた。斜面は隙間なく立て込んだ僧坊で埋め尽くされており、アチェンガルよりもはるかに大規模だった。道路は舗装され、丘の上には大きなホテルもあって、巡礼者で満室状態だった。谷あいにはクレーンが聳《そび》え立ち、大規模な寺院の建設が行われていた。一目で漢人とわかる僧尼も多く、銀行のＡＴＭまで稼働しており、文字通

もう一人のニンマ派カリスマ僧アチュウ・ラマが開いたヤチェン修行地の尼僧居住区（2007年8月筆者撮影）

り山上の宗教都市という趣だった。タシ［チベット人のガイド］に僧院関係者に聞いてもらったところ、僧尼あわせて約五万人が修行しているという。

麓の雑貨店にはダライ・ラマの肖像写真を使ったタンカ［掛軸］が売られており、締め付けは意外と緩やかであることを知った。一方、国際電話とインターネットは、私たちが滞在していた十日間、断絶されたままだった。

写真集『極限高地』の表紙カバーは、二〇一四年に撮影した密集するラルンガルの僧坊群である。ヒマラヤ山脈はインド・オーストラリアプレートとユーラシアプレートの間の沈み込みによる大陸の衝突で造られた、比較的若い山脈だ。山脈周辺の高地も含めて、北極と南極に次ぐ三番目の「極」と呼ばれることもある。野町が取材したチベット、アンデス、エチオピアの高地に生きる人々の暮らしから、野町は第三の「極」に匹敵する厳しい生活とそこに息づく祈りを感じとった。『極限高地』にはラルンガルとヤチェン修行地の写真が収められているが、ラルンガルを創設したジグメ・プンツォとヤチェン修行地を開いたアチュウ・ラマの姿がない。野町の東チベット再訪は遅すぎた感がある。

ラルンガル改造計画

外国人の立入禁止

二〇一二年の夏、グロテスクな姿に変わり果てた新鳥葬場を目撃した時、私は不吉な予感がした。そして、我が身にヤスリをかけられたような痛みを感じた。ラルンガルは確実に変貌を遂げているが、内部からの地殻変動ではなく、外部からの圧力によるものである。

二〇一二年の調査から四年後の二〇一六年夏、私は七度目のラルンガル訪問を考えていた。本書を執筆するにあたり、最新状況を観察しておきたかったからだ。ところが、六月に風雲急を告げる情報が飛び込んできた。Voice of Tibet（ノルウェー拠点のチベット支援組織）[1]が二〇一六年六月七日に「中国政府は仏学院の学僧数を半減させる計画あり」と報じ、その後「外国人ラルンガル立入禁止」の速報が流れたため、私はやむなく夏のラルンガル行きを断念したのである。

このニュースに敏感に反応した香港や台湾の仏教関係者、そしてアメリカの人権擁護団体が、すぐさまラルンガルの現状保存と学僧の保護を次々と訴え始めた。すると三日後の六月十日に、中国政府は「持続可能なラルンガルの実現に向けてインフラ整備を実施」との通知を出し、インターネット上に拡散する政府批判を沈静化させる措置をとった[2]。

肥大化したラルンガルは急峻な谷間に木組みの僧坊が密集した状態にあり、大雨による土砂の崩落や火災発生の危険に直面している。そこで四川省及び甘孜《カンゼ》州政府は電気配線、消防通路、上下水道、ゴミ処理等の懸案事項を解決するため、インフラ整備の名目で大規模な僧坊解体・撤去に着手することを表明したのである。

二〇一四年の僧坊火災が引き金に

その引き金となったのは、二〇一四年一月九日にラルンガルで発生した僧坊火災である。政府系ニュースサイト「新華網」によると、電気系統のショートにより約百五十戸の尼僧坊に被害が出ており、武装警察第八七四〇部隊（以下武警）が出動し、消火と被災した尼僧への支援に当たった[3]。

武警は中国共産党の指揮系統下にある治安維持部隊であり、要人警護や国境警備の他に、消防、森林保護、地下資源や水力発電の監視にも従事している。党と政府が注視しているラルンガルで火災が起こった以上、武警の出動自体は不穏当とは言えない。

6-11　中国国営放送局CCTVがラルンガル火災を全国ニュースで報道

火災発生の直後、学僧がスマートフォンで撮影した写真や動画がSNSを通じてインターネット上に掲載されると、香港や台湾の信徒から見舞いや激励の声が多数寄せられた。今回の事態を重く見た中国政府は、火災発生の翌日に中国中央電視台の全国ニュースを通じて火災を動画で伝え、党と政府の迅速な対応が早期の鎮火を導いたことを強調した。

火災発生から五日後に甘孜《カンゼ》州の中心地康定《カンディン》でラルンガル火災対策会議が開かれた。州の幹部、公安や消防関係者とともに、ケンポ・ソダジがラルンガルの責任者として参加し、当日の会議が地元の衛星テレビ「康巴《カンバ》衛視」のニュース番組で紹介された。火災の発生、武警の救援、全国ニュースの放映という一連の流れは、ラルンガルにとって思わぬ逆風となり、インフラ整備の推進に拍車をかける結果となった。

ついに僧坊解体へ

そして、二〇一六年七月二十日、戦慄が世界を駆け巡った。いよいよラ

6-12　SNSに掲載された僧坊解体写真

ルンガルの僧坊解体が始まったのである。インターネット上の写真から、何台も重機を投入して短期間の間に指定された区域を撤去する意図が感じられる。先ず被害に遭ったのは、二〇〇一年の僧坊撤去事件の時と同じく、立場の弱い尼僧たちである。当局から事前通告があったとはいえ、僧坊解体と仏学院からの退去は御上《おかみ》の命令であり、反抗の姿勢を示せば逮捕が待っている。泣き顔で荷物を運び出す尼僧の姿を見るのは辛いものだ。

僧坊が何戸解体され、学僧が何人放逐されたのかは明らかでない。チベット自治区や青海省、甘粛省等、四川省以外の外部出身者が放逐の対象となったと考えられる。この措置は政府による短期滞在者（流動人口）の管理規定に基づいており、地方政府は学僧数を調整する強い権限を持っている。緊急事態の発生を受けて、ラルンガルのある高僧は「嵐が去るのを待て。治安当局に抵抗するな。インターネット上に情報を出すな」という指示を出し、学僧の動揺を鎮める努力を行った(4)。

そして十一月になると、政府は放逐する学僧に「退去承諾書」への署名をもとめ、将来再びラルンガルへ戻らないことを約束させた。インターネット上には、退去する学僧を運ぶバスと学友との別れ際にむせび泣く尼僧の写真が掲載された(5)。

改造計画の目的

二〇一六年夏に始まったラルンガル改造計画の目的は三つあると考えられる。

一つ目はインフラ整備の実現。

二つ目は観光化推進の準備。

三つ目はラルンガルの規模縮小。

6-13　仲間との別れを惜しむ尼僧たち

防火対策や学僧数管理を口実にしたインフラ整備計画の狙いは、宗教ツーリズムの推進と宗教活動への統制強化である。地元の甘孜州《カンゼ》や色達県《セルタ》のチベット人党幹部にとって、ラルンガルの存在は精神的な支柱であり、僧坊解体や尼僧放逐を強行することは仏の教えに反する行為である。したがって改造計画遂行の指示は、中国共産党式の厳格な上意下達によるものである。

二〇一五年八月、習近平《しゅうきんぺい》党中央総書記が主宰する第六回チベット工作座談会が北京で開かれた(6)。この時、「法に基づくチベット統治」、「民族団結と生活改善」、「長期的展望を持つチベット建設」、「物心両面での豊かさの実現」、「社会の末端組織の強化」がスローガンとして掲げられた。

続いて、二〇一七年十月、中国共産党第十九回全国代表大会で習近平が行った「政治活動報告」の主要なテーマは「小康社会の完全な実現」であった。四川省チベット地区で「小康」つまり「ゆとりを実感できる社会」を実現するには、ラルンガル観光化推進による現金収入の獲得が近道であった。そして、学僧の生活環境の改善という大義名分でインフラ整備も強行したのである。

甘孜州《カンゼ》と色達県《セルタ》の役人は党大会での「小康社会実現」の決定を受けて、ラルンガルの改造計画を加速せよという指令を出した。地方の党幹部にとって、チベット人やウイグル人が居住する地区で、貧困撲滅や宗教管理に関する業績を上げることは出世の近道であるため、目に見える業績、数値化できる業績作りに躍起である。彼らがラルンガルの観光化を推進することは、宗教活動の統制強化という副産物の獲得にも通じる。

6-14　中国政府が公開したラルンガルの将来像

改造計画の行方

二〇一六年六月以降、外国人のラルンガル訪問は禁止されているが、中国在住の漢人観光客は以前と変わらず制限の対象外である。外国人が閉め出された理由は、彼らが僧坊解体の写真や動画をインターネット上に掲げ、中国当局による宗教弾圧という批判を展開するからである。漢人にとって、中国社会における党や政府の強権発動は日常行為であり、宗教弾圧や人権蹂躙《じゅうりん》というよりは「秩序の回復」に近い感覚で受けとめている。したがって政府は、国内事情を熟知している漢人に対しては、ラルンガル観光を認めているのである。

では、今後ラルンガルは改造計画により、どのように変貌するのであろうか。確実に言えることは、当局にはラルンガルの宗教活動を根絶やしにする意図はなく、宗教空間を整理縮小した上で宗教ツーリズムの資源として活用する青写真を描いているということだ。

それを裏付ける資料の一つが、ラルンガル構内に貼り出された改造計画図である。図6－14は漢人観光客が二〇一七年春に現地で撮影したもので、図案によると僧坊群は地盤改良と区画整理を行った後、一部の僧坊は鉄筋コンクリート製に建て替えられる予定だ。

二〇一九年初の時点で関係筋から得た情報によると、谷間の尼僧居住区は解体後、広場が設けられ、商業施設、管理棟が新設され、谷間から僧・尼僧居住区の丘に向かって八本から十本の遊歩道が作られたとのこと。一連の工事に伴い該当地区の僧坊が撤去され、二〇一六年の工事開始前と比べて約三割の僧坊数削減が確認されるという。その他、大型消防車の通行が可能な防災道路とつづら折り迂《う》回路の設置、上水道設備と消火栓の敷設、送電

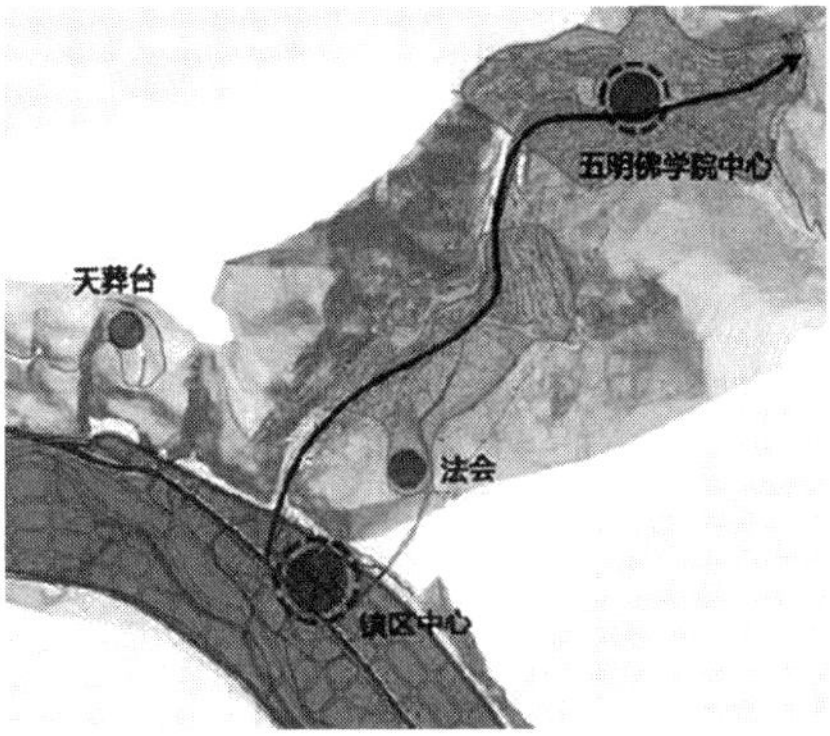

6-15　公式報告書に掲げられたラルンガル宗教文化観光構想（「五明仏学院所在鎮的企画探索」『城郷建設』2017年第10期）

網の整備が予定されている。喇栄賓館《ラルンホテル》の南側斜面に存在した漢人女性信徒の居住区も撤去されたそうだ。

「宗教文化観光経済圏構想」

政府が策定した都市計画プランによると、ラルンガルを含む色達《セルタ》県で経済開発構想が進められていることが見えてくる［曽・梁2017:36-38］。目的は従来貧困問題を抱えてきた色達《セルタ》県に持続可能な産業を根付かせるためである。これは習近平政権が掲げる「小康」つまり経済的な豊かさを実感できる社会の実現に向けた処方箋である。以下が事業計画の三本柱である。

(1)色柯鎮《セルコク》（県中心部）：ヤクの飼育地区、チベット医学に用いる薬材の保護育成地区を設置
(2)翁達鎮《ボムダ》（県南部）：青稞《チンコー》（ハダカムギ）の育成地区、薬材加工地区を設置
(3)洛若鎮《ヌブシク》（県中部）：ラルンガル宗教文化観光地区を設置

(3)の宗教文化観光地区は、①ラルンガル、②法会会場、③新鳥葬場、④洛若鎮《ヌブシク》テーマ地区からなる。①は修行と学問の場であることを考慮し、静穏な環境の維持に努める。ラルンガルの入口に位置する洛若鎮《ヌブシク》には、商業施設、宿泊施設、チベット仏教とチベット文化をテーマとした博物館と展覧館、電気・水道等のインフラ基地が設置される。

ただし、色達《セルタ》の住民にとって、学僧の学問と修行が守られることが真の豊かさであり、強引なラルンガル改造に心を痛めている。一方、政治家と役人はラルンガルの観光地化という金脈を掘り当てて、満面の笑みを浮かべ

ているに違いない。

入場料問題

ラルンガルに敷かれた観光化への道はすでに後戻りできない状況にある。二〇一四年に雑誌「南方人物周刊」の表紙を飾ったケンポ・ソダジは、雑誌社のインタビューの中で、党・政府からラルンガルの入場料徴収に関して幾度も要請があったが、すべて拒否したと語っている［易立競2014:34］。

雑誌編集部とケンポ・ソダジの対話の一部を紹介する。

6-16　雑誌「南方人物周刊」

編集部「仏学院がますます有名になってきました。外部の人が増加したことで、どのような影響がありますか」。

ソダジ「もともと仏学院は静かな聖地でしたが、騒がしくなってきました。出家年数の浅い人は学問や修行に影響が出ています」。

編集部「改善策はありますか」。

ソダジ「非常に困難です。新空港の開設と国道の改修により、チベット文化圏に興味をもつ漢人の来訪が便利になりました。この流れはもう変わりません」。

編集部「入場料を取る考えはありますか」。

ソダジ「ありません。ラルンガルが入場料を受け取ることは商業化の道に通じます。これまで何度も担当部署の役人が勧めてきましたが、すべて断りました」。


二〇一四年五月発行の雑誌インタビューで、「ラルンガル入場料」の話題が堂々と出ていることに注目したい。

私がラルンガルを最後に観察したのは二〇一二年八月である。その時、鳥葬場の移転と漢人観光客を意識した派手な装飾を目にして、入場料の徴収は時間の問題だと感じた。その後の交通網の整備、ホテルの建設、ラルンガル内のインフラ整備、各僧坊の一斉塗装と赤い屋根材の統一、大経堂のライトアップ、バスツアーの増加など、政府の政策は着々と観光化推進の方向へ進み、抵抗するラルンガルの外堀を埋めてきた。

ソダジ師は否定しているが、現地にはすでに有料入場ゲートが設置され、稼働間近だと聞いている。問題はその収入を誰が管理し、何に使うのかということだ。地方幹部はラルンガルを多額の利益をもたらす「金のなる木」と見なしているため、学僧の修学支援に当てられることは考えにくい。

ラルンガルの〝守護神〟ケンポ・ソダジの苦悩は今後も続く。

(1)「西蔵色達五明仏学院過半僧尼将遭驅逐」（二〇一六年六月七日）。http://www.vot.org/cn/（二〇一七年六月五日閲覧）
(2)「色達五明仏学院要被拆除？假的！」http://www.ganzixinwen.com/wh/kzrw/zxzj/n9662.html（二〇一八年十二月一日閲覧）
(3)「武警８７４０部隊官兵全力参与五明仏学院火災救援」http://news.xinhuanet.com/mil/2014-01/16/c_126013127.htm（二〇一四年一月十七日閲覧）
(4)「西蔵色達喇栄僧舎開拆 堪布慈誠奉勧信衆勿衝動」（二〇一六年七月二十一日）。http://www.vot.org/cn/（二〇一六年七月二十五日閲覧）
(5)「習近平開会決定強拆色達喇栄仏学院駆逐僧尼」（二〇一六年十一月三日）。http://xizang-zhiye.org/（二〇一六年十一月二十五日閲覧）
(6)「中央第六次西蔵工作座談会」http://www.zytzb.gov.cn/tzb2010/xzgzzth/zydlcxzgzzth.shtml（二〇一八年十一月二十八日閲覧）

column ⑫

「絶景スポット」化するラルンガル

ラルンガルで蜜月旅行

党や政府の思惑とは無関係に、信仰なき訪問者の行動が大胆になってきた。二〇一五年十一月に北京滞在中、ホテルの一室で、あるニュースに釘付けになった。北京電視台（テレビ局）が報じたのは、漢人の新婚夫婦が繰り広げるパフォーマンスであった。新婦がウェディングドレス姿でラルンガルの丘に立つ写真を見て、私は度肝を抜かれた。

漢人新婚夫婦がラルンガルで行った大胆な行動

夫は一九八九年生まれ、山東省出身。妻は河南省出身。二人は重慶のある大学の同級生だったという。卒業後、二人は結婚指輪をデザインする仕事に就いていた。やがて結婚を決意して奇抜な計画を実行すべく旅に出た。旅のルールは二つある。一つは、大型バックパックに寝袋を詰め、徒歩とヒッチハイクで中国の少数民族地区を回ること。もう一つは、各民族の居住地で民族衣装に身を包み記念撮影をすること。

一日の旅費は九十元（約千八百円）、旅行期間は一年間。二人は四川省を出発し、甘粛省、寧夏《ねいか》回族自治区、内モンゴル自治区という具合に旅を続け、最後に台湾へ到着した。彼らの行動原理は、既成の枠を打ち破ること。彼らの大胆な企画がインターネット上で紹介されると、話題騒然となり、ついに北京のテレビ局が取材に乗り出したというわけだ。

私は実際に現場を見たことはないが、今やラルンガルでウェディングドレスの女性を見かけることは珍しくないそうだ。ラルンガルにとって、礼儀をわきまえない新郎新婦は「招かれざる客」である。御仏は果たして寛容な心で彼らを導いていくのであろうか。

日本人の〝ドローン夫妻〟

次に、日本人訪問者の事例を紹介する。京都在住のドローン夫婦が世界の注目を集めた。夫はプログラマー、ユーラシア大陸とアフリカ大陸縦断の経験者である。

妻はスイミングインストラクター、海外経験は少ない。二人は二〇一三年に結婚後、家賃三万円、七畳のワンルームで生活しながら、二年間で五百万円を貯め、二〇一五年七月に新婚旅行へ出発した。そして、四百日間で東南アジア、中国、ヨーロッパ、中東、アフリカ、南米、アメリカを回り、計四十八ヵ国を駆け抜けた。旅の供《とも》は約二キロメートル先まで飛行可能なドローンだ。二人は世界各地の絶景スポットでドローンを飛ばし、空撮動画を撮りためていった。撮影スポットはレインソス国立公園の広大な砂漠（ブラジル）、カッパドキアの岩石遺跡群（トルコ）、ナミブ砂漠（アフリカ南西部）、ウユニ塩湖（ボリビア）、そしてラルンガル等。

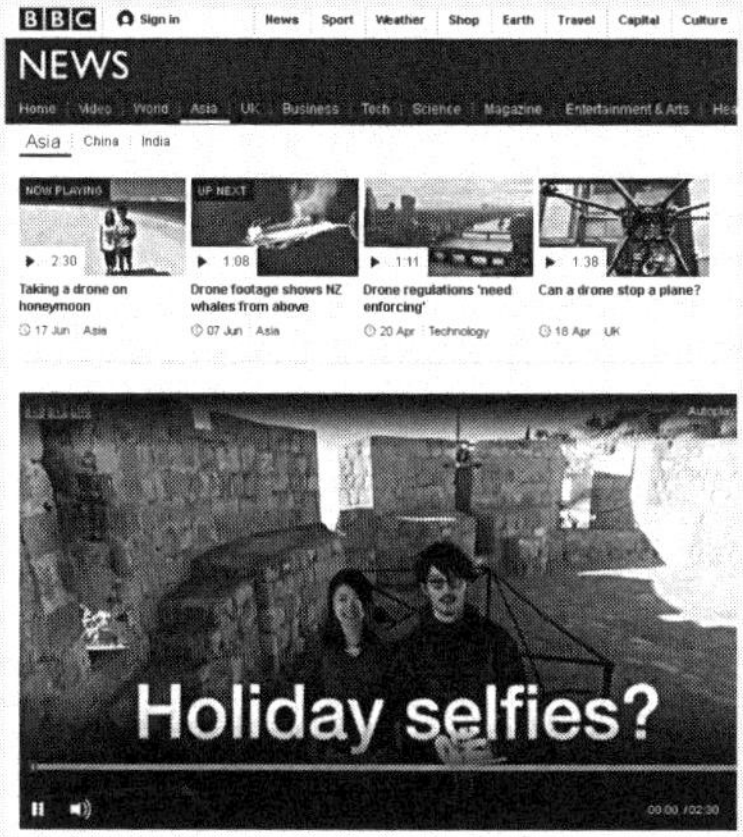

BBCが取材した日本人ドローン夫妻

自撮りプロジェクト「ドローンを片手に世界一周新婚旅行」をSNSにアップすると、イギリスの公共放送局BBCがニュース（Taking a drone on honeymoon、2016.6.17）で二人の活動を紹介したことを契機に、瞬く間に世界中に拡散していった。

　二人がラルンガルを訪問した理由は、概ね二〇一〇年以降、日本のバックパッカーらの「ラルンガルへ行かずして世界一周は語れない」という風潮に影響を受けたからであろう。彼らを駆り立てたものはラルンガルの持つ宗教性への目覚めでなく、絶景の堪能と撮影である。

　私自身これまでラルンガルの全体像撮影には苦労してきた。谷間に広がる僧坊群の変化をカメラに収めるのは至難の業《わざ》である。ラルンガルを記録する上でドローンの活用は極めて効果的だ。こうしてラルンガルは空撮の聖地としても注目を集めてきたが、学問の場を乱す空撮を現在ラルンガル管理事務所は禁止している。ドローンで鳥の目を手に入れた二人は、写真集『ドローン片手に世界一周――空飛ぶ絶景４００日』を出版したが、ドローンという「第三の目」を通じて「人の直感力を高め、真実を見抜く力」を養うことはできるのであろうか。

ラルンガルの後継者たち

〝知恵袋〟ケンポ・ソダジ

ジグメ・プンツォの逝去後、姪のムンツォが新学院長に就任したが、副学院長のテンジン・ジャンツォはあまり表舞台には立たず、相談役の立場でラルンガルの発展を見守ってきた。実際にラルンガルの運営と教学を支えてきたのはジグメ・プンツォの高弟たちであり、その筆頭格の一人がケンポ・ソダジである。

ケンポ・ソダジは一九六二年生まれ、四川省炉霍《タンゴ》県出身。二十三歳で出家し、ラルンガルへやって来た。長年ジグメ・プンツォ学院長の秘書、漢語通訳、そして漢人出家者や信徒への教学担当責任者を務めた。優れた漢語運用力を活かし、チベット仏教の経典を多数漢語に訳した実績は、他宗派からも高い評価を得ている。現在ジグメ・プンツォの姪にあたるムンツォ学院長の右腕として、改造計画に揺れるラルンガルの運営を支えつつ、中国各地そして世界各国で熱心に弘法《ぐほう》を行っている。

私は二〇〇一年に初めてラルンガルを訪問した際、炉霍《タンゴ》で別れた「重慶の男」（第1章）のその後が気になり、ケンポ・ソダジの僧坊を訪ねたが、応対した弟子からは「多忙により面会できない」と告げられた。二〇〇四年に再訪すると、弟子は「広州で法話会を開催中である」と教えてくれた。結局、私はラルンガルで「重慶の男」と再会することは叶わなかった。

ようやくケンポ・ソダジと面会する機会を得たのは、二〇一五年十一月に東京大学で開かれた講演会の時であった。安冨歩《あゆみ》先生（東京大学教授）の配慮で、昼食と来日記念座談会に参加し、講演「チベット仏教思想」（於・東大伊藤謝恩ホール）を拝聴した。柔和で理知的な風貌と聞き取りやすい漢語が印象に残った。講演会場を埋めた約三

6-17 中国でベストセラーとなったケンポ・ソダジの仏教エッセイ集（『苦才是人生』表紙）

百人の聴衆の大半が日本在住の漢人であり、「仏教の教義から論理的な思考力を養い、智恵を育む生き方を身に付けて欲しい」というケンポ・ソダジのメッセージに耳を傾けていた。

会場で出会った漢人留学生の一人はケンポ・ソダジの著書『苦才是人生（苦しんでこそ人生である）』へのサインをお願いしていた。この仏教エッセイ集は二〇一二年の発売と同時に中国でベストセラーとなった。留学生は「ケンポ・ソダジの教えには自分を肯定するためのヒントが隠されており、国家や民族を超えて受け入れられる内容である」と語ってくれた。

私の目に映ったケンポ・ソダジは、漢人の心を捉えた高僧、ラルンガルの信仰と学問を支える知恵袋、そしてラルンガルの運営をめぐって中国政府と正面から交渉できる鋼《はがね》のような意志と包容力の持ち主であった。

仏教学博士ケンポ・ツルティム・ロドゥ

ラルンガルを支えるもう一人のケンポがツルティム・ロドゥである。一九六二年生まれ、四川省炉霍《タンゴ》県の出身。二十二歳の時ラルンガルの門を敲《たた》き、ジグメ・プンツォ学院長の要請を受け、ラルンガルの教学全般を担ってきた。二人のケンポが長年にわたり築き上げた学問の力は、チベット仏教各宗派を超えて信頼されている。

ケンポとは学堂長を意味し、チベット仏教学博士と言い替えることもできる。ケンポ・ツルティム・ロドゥは漢語チベット語辞典の編者としても異能を発揮し、チベットの言語を守る活動にも力を注いできた。ラルンガルという組織は、「化身ラマの名跡《みょうせき》」に頼るのではなく、ケンポが有する「学問の力」で成り立っている点に特徴がある。

私はこれまでケンポ・ツルティム・ロドゥの著作や講義の動画に触れることはあったが、直接面会する機会は得られなかった。幸い二〇一七年と一八年に来日した際、京都に三度足を運び、講演やシンポジウムを拝聴することができた。日本社会に存在する深刻な自殺問題、怒りの鎮め方、瞑想の勧め、菜食主義の効用、自然環境の保護等、身近に存在する問題をテーマに設定して仏教の教えを丁寧に説明した。会場に集まった日本在住の漢人信徒も、師の言葉を一言一句聞き漏らすまいと集中している様子が伝わってきた。

ケンポ・ツルティム・ロドゥと聴衆との間で繰り広げられた白熱した質疑応答を聞いて感じたことは、信徒が苦難を乗り越えて自分を向上させる気持ちを強く持っていることだ。自発的に教えを乞う姿には、日本の仏教徒には見られない迫力があった。

ケンポ・ツルティム・ロドゥに対する私の第一印象は、眼光鋭い仏教学博士、というものであった。彼を博士と呼ぶ理由は、漢人在家信徒のために著した十巻本のテキスト『慧燈之光《けいとう》』の内容に感銘を受けたからである。このテキストは北京の個人書店で購入したもので、修行心得、四法印、六度万行《まんぎょう》等、仏教の基礎を学ぶためのものである。チベット仏教を学びたいという漢人の要望に応えることは、ジグメ・プンツォ学院長の教えに合致することであり、ラルンガルの高僧に共通する使命と言える。

現在、香港や北京の漢人信徒組織がテキストを印刷し内部流通させる行動力には目を見張るものがある。『慧燈之光』は大手の書店では販売していないが、中国のインターネット通販サイト「淘宝網《タオバオ》」等から購入可能だ。

「宗教と和諧《わかい》」政策

ケンポ・ツルティム・ロドゥの仏教エッセイ集『我們為何不幸福（われわれはなぜ幸福でないのか）』も話題の書である。

読者は競争社会、経済格差、親族の病、人間関係などに苦悩する者、自己肯定感や達成感に乏しい高学歴者、そして仏教が説く智恵を獲得すべく自己啓発に励む者等である。内容はチベット仏教の教えを素材とし、漢人の一般読者に「心の重荷を降ろしなさい」「しっかり自分を肯定しなさい」「他人の幸せも願いなさい」と語りかけ

6-18　ケンポ・ツルティム・ロドゥ師のエッセイ集（『我們為何不幸福』表紙）

たものである。二人のケンポが著した多数の仏教エッセイ集には、読者の疲弊した心を癒やした後、積極的に人生や死と向き合う姿勢を導く役割が託されており、通底するキーワードは幸福、信頼、共感、智恵、そして注意を払うべきなのが胡錦濤《こきんとう》・党総書記の唱えた「和諧《わかい》」である。

ラルンガル高僧による仏教エッセイ集が多数出版された背景には、胡錦濤政権が目指した「和諧（調和のとれた）社会の実現」という重要政策への貢献という意味合いも含まれている。党や政府幹部の汚職と腐敗、医療や教育の格差、失業者や非正規労働者の増加、環境破壊という社会の負の側面を緩和していく上で、「宗教が有する慈悲や慈愛の力が必要である」という政権の判断の中から、多くの漢人信徒を抱えるラルンガルの高僧に白羽の矢が立てられたのである。

ケンポ・ソダジの活動として注目されるのは、『做才是得到（実践してこそ達成できる）』、『不離（離れず）』、『你在忙什麼（何を急いでいるのか）』等のヒット作で得られた印税及び信徒からの布施を、困窮するラルンガル学僧への生活支援、僻地における「智悲小学校」や「菩提《ぼだい》病院」（ともに四川省炉霍《ダンゴ》県）建設等の公益慈善事業に投じたことである。中国政府も、高僧が教育や福祉に積極的な関与を行うことを支援する方向にある。

「一帯一路」構想とラルンガル

二〇一五年に東京で私がケンポ・ソダジと会談した際、「ヨーロッパとアフリカでの活動を終えてから日本へやって来た。アフリカでは講演活動の他に、孤児院への支援を行った」という言葉を聞いて、なぜアフリカ訪問なのかと少々戸惑った。

ケンポ・ソダジの宗教活動を紹介する「国際仏学会」のウェブサイトには、確かに二〇一五年にヨーロッパ（イタリア、フランス、オーストリア、オランダ、イギリス）とアフリカ（南アフリカ、レソト、ナンビア）を歴訪した弘法（布教活動）の旅が紹介されている。[1] ケンポ・ソダジは訪問各国の大学で「智恵と慈悲」（オランダ）、「仏教から見た幸福とは」（イギリス）、「菩提心」（南アフリカ）、「信仰と科学技術」（レソト）等、仏教をテーマに社会生活に根ざした内容の講演を精力的にこなした。使用言語はすべて漢語であり、訪問先の漢人信徒が現地語に翻訳した。

中国にとってヨーロッパは重要な貿易相手国であり、移民、留学、出張、観光などで多くの華人が居住している。そして、ヨーロッパにはチベット仏教の教義や瞑想、美術などに興味関心を抱く知識人や一般市民が一定数いることが知られている。一方、中国政府にとってアフリカは資源採掘、貿易、インフラ輸出、国連を利用した多国間外交等を行う戦略的な地域であるが、これまでチベット仏教の高僧が布教活動の対象と見なすことはなかった。

6-19　レソトの孤児院を慰問したケンポ・ソダジ（2015年）

そこで先ほどの「アフリカでの孤児院への支援」という言葉が、二〇一五年のソダジの弘法の旅を読み解く鍵となる。私は孤児院への支援は胡錦濤の「宗教と和諧」政策への貢献、アフリカ訪問は習近平の「一帯一路」経済圏構想への対応と考える。つまり、ラルンガルのある中国四川省からヨーロッパへの経路は「陸のシルクロード」（一帯）を指し、アフリカに至る経路は「海のシルクロード」（一路）を指している。「一帯一路」つまり二つのシルクロード上の国々と宗教交流、宗教間対話を行うことを重視した習近平の宗教政策と合致するのである。

習近平が掲げる「一帯一路」経済圏構想に対して、世界の主要国から賛否両論がわきおこっているため、宗教交流というソフトな政策は、経済外交から生じた不協和音を和らげる役割も担っている。

高僧たちの智謀

以上からすると、ケンポ・ソダジは時の権力に道具として利用されているように見えるが、両者の関係は単純ではない。文革終結後、共産党は無神論を掲げつつも一方で宗教の存在を肯定し必要としてきた。共産党は強い影響力を持つ宗教指導者に積極的に働きかけ、彼らが党への協力姿勢を示せば、宗教活動の「自由」を保障する方針だ。

ケンポ・ソダジは智恵のある高僧である。権力に一方的に利用されるのではなく、自ら権力にすり寄っているのでもない。権力に協力姿勢を示しつつ、権力と交渉し、自らの宗教活動の空間を拡げる努力を行っているのである。

例えば二〇一二年に中国社会科学院（社会科学研究の最高学術機構）が主催した「宗教慈善と社会発展シンポジウム」に登壇し、チベット仏教が参画する慈善公益事業について報告を行った［卓新平・鄭筱筠2015:134－153］。その他、上海慈慧《じけい》公益基金会（二〇一一年登録）の結成に協力し、名誉理事長の立場で貧困児童や高齢者の支援にも尽力した[2]。そして二〇一〇年以降、中国各地の大学で仏教、智恵、幸福、科学等をテーマに講演活動を行い、党・政府及び漢人の知識人を味方に付ける術《すべ》を学んだのである。と同時に、ラルンガルの運営と教学の責任者であるケンポ・ソダジは、二〇一〇年以降、ラルンガルを留守にする期間が長くなった。

彼の行動の背後には、「仏学院の存続を切に願う」というジグメ・プンツォ学院長の遺志、「宗派を超えたチベット仏教の教学拠点を守り抜いてほしい」というパンチェン・ラマ十世からの要請、そして地域の安定に貢献するソーシャル・キャピタルとして期待されるラルンガルの役割に対する認識がある。時の権力に対応する柔軟な姿勢とタフな交渉力は、社会主義中国を生き抜くために仏が授けた智恵だったのではないかと、私は考えている。

(1)国際仏学会ウェブサイト。http://www.buddhistweb.org/（二〇一七年三月十二日閲覧）
(2)「西部百名貧困大学生資助――炉霍放款」。http://www.cihuigy.org/listnews-16-970.html（二〇一八年十二月一日閲覧）

column⑬
ヤチェン修行地探訪

東チベットには〝天空の聖域〟がもう一つある。それは一万の僧坊が密集するヤチェン修行地だ。場所は四川省甘孜《カンゼ》州白玉《ペユル》県。甘孜《カンゼ》からバスで三時間の距離だ。二〇〇三年以降、七回短期調査を重ねた私のフィールドワークの拠点である。この修行地はニンマ派の高僧アチュウ・ラマ（一九二七〜二〇一一）が一九八五年に開いたものであり、現在一万人を超すチベット人出家者が集まっている。

ヤチェン修行地を訪問したジグメ・プンツォ（左）とテンジン・ジャンツォ（右）、中央はアチュウ・ラマ（『増信妙薬』58頁）

アチュウ・ラマは「人の来世を見通す力」を持つと信じられた宗教カリスマの一人だ。学問の力と呪術の力が多くの出家者を魅了し、ラルンガル同様に宗派を問わず修行者を受け入れており、漢人の弟子も多数いる。

ラルンガルとヤチェンは、信仰という地下水脈で結ばれている。二〇〇一年にラルンガルが粛正を受け尼僧が放逐された際、ヤチェンは彼女たちの受け入れを表明した。

アソン・リンポチェが行う早朝講義（2012年8月筆者撮影）

今回のラルンガル改造計画により再び多くの尼僧が行き場を失っているが、二〇一九年の現時点でヤチェンは受け入れの姿勢を示していない。地下水脈のパイプを、政府が外したからだ。

私が初めて訪問した二〇〇三年当時、ヤチェンには電気もガスも水道もバスもなく、まるで難民村の様相であったが、高僧に見守られた修行者たちには笑顔があふれていた。二〇一一年に逝去したアチュウ・ラマに替わり、後継者のアソン・リンポチェが修行地を束ねている。アソン・リンポチェの悩みは、地元政府が着々と進める観光化政策である。甘孜《カンゼ》ケサル空港が完成後、多数の漢人観光客がヤチェンに押し寄せることが予想されている。

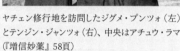

ラルンガルが問いかけるもの　結びにかえて

冬に耐え春を待つ日々

ラルンガルは、もはや秘境ではない。

インターネット上には写真、動画、訪問記等があふれており、「ラルンガルに行かなければ、世界一周の旅は完結しない」と語るバックパッカーも増えてきた。知名度ではチベット自治区のラサやチベット高原西部に聳《そび》えるカイラス山に遠く及ばないが、ラルンガルに興味を持ち、実際に訪問を考えている層は着実に増えている。

ところが、ラルンガルは今、強い不安と緊張の中にある。二〇一八年秋にある訪問者が撮影した写真を見る限り、ラルンガル改造計画は着々と進展している。尼僧居住区の一部を撤去した後、防災道路と遊歩道の設置がほぼ完了。工事の主役はブルドーザーから大型クレーンに替わり、公共・商業空間に相当する谷間の狭い平地には新たな施設が、尼僧居住区の傾斜地にはコンクリート製の〝僧坊団地〟が建設中である。

二〇一九年初の時点で、色達《セルタ》県政府は、外国人のラルンガル訪問を許可していない。では、いつ頃開放されるのであろうか。二〇一九年の後半に甘孜《カンゼ》ケサル空港の運用開始が予想されていること、そしてラルンガル改造計画の進捗《しんちょく》状況から考えると、外国人への再開放時期は二〇二〇年と予測される。

二〇一六年以降、学僧たちは「嵐が去るのを待て」というあるケンポの指示に従い、自暴自棄に陥ることなく、日々学問と修行に励んでいる。一連の改造計画により、ラルンガルから放逐された尼僧の中には、色達《セルタ》県内に設置された臨時の合同宿舎で生活する者も多いと聞く。ラルンガルに対する引き締め政策が続く中、地元政府は尼僧の帰還と新規学僧の受け入れを禁止している。

一方で、高僧たちの著作や教科書は問題なく出版され、講義や法話の動画もインターネットを経由して公開されている。明るいニュースと言えば、二〇一八年一月と十二月に、ラルンガルの中でケンポ・ソダジと双璧《そうへき》をなすケンポ・ツルティィム・ロドゥが日本訪問を果たし、日本在住の信徒に仏の智恵をたっぷり授けたことである。こうしてラルンガルは今、厳しい冬の時期を懸命に耐えつつ、新芽を出す準備を着実に整えている。

学僧たちが創設者であるジグメ・プンツォ初代学院長の説いた慈悲と利他の教えを守り、師僧と学僧との間に強い信頼関係がある以上、ラルンガルは必ず息を吹き返すことと確信している。

私が本書を執筆した理由は、自らのラルンガル体験を通じて日本の読者にラルンガルを知ってもらうこと、そして苦難にあえぐラルンガルに声援を送ることである。最後に、読者にラルンガルをより深く理解してもらうために、ラルンガルが直面している問題を改めて整理し、私が思い描くラルンガルの未来像を示して、本書の結びとしたい。

ラルン五明仏学院の成立時期

ラルンガルの歴史は、ニンマ派の高僧ジグメ・プンツォが一九八〇年に開設した「ラルン仏教講習所」から始まった。その後、鄧小平《とうしょうへい》の時代に東チベットの宗教復興という課題を託されたパンチェン・ラマ十世が一九八六年にラルンガルを訪問し、ジグメ・プンツォに講習所を五明仏学院として発展させる約束を行ったことは本文でも紹介した。

では、ラルン五明仏学院の成立時期はいつなのであろうか。

宗教管理の事務手続上、四川省政府の宗教事務局がラルン五明仏学院を正式に認可したのは一九九七年である。

ただし、その十年前にあたる一九八七年にジグメ・プンツォが北京を訪問した際、すでにパンチェン・ラマ十世がラルン五明仏学院と命名していたことに着目すると、一九八七年が事実上の成立年と考えてよいだろう。ラルンガルの運営と教学の実務を担ってきたケンポ・ソダジが、正式認可以前の一九九三年に、政府系宗教雑誌「法音」（中国仏教協会発行）にラルン五明仏学院の概要を記した文章を掲載したことも根拠の一つである［索達吉1993:16-17］。

以上のことから、私はラルンガルの歴史を三つの時期に分けている。

①萌芽期　一九八〇年、ラルン仏教講習所の誕生から一九八七年まで
②成長期　一九八七年、パンチェン・ラマ十世による命名から一九九七年まで
③発展期　一九九七年、四川省政府による正式認可から現在まで

宗派を超えた叡智

ラルンガルは、ケンポやラマと呼ばれる複数の師僧が主宰する私塾の集合体である。チベット仏教において、師僧の存在と師僧からの教えは絶対的なものである。ただし、各師僧の講義内容と指導法には、それぞれ特徴があると言われており、学僧に対して一律ではなく、弟子の素養や理解力に沿った指導がなされている。そのため各師僧の指導方針や教学内容を実際に確認することは容易でない。

ラルンガルがこれまで担ってきた主たる役割は、東チベット各地の僧を教育し、ケンポの学位取得まで育て上げ、彼らに地元の寺で学問の力を発揮させることである。学位取得まで十余年間、学僧は日々厳しい研鑽《けんさん》と向き合わなければならない。

ラルンガルの今後を考える上での注目点は、「リメ運動」に基づいた、宗派を超えた宗教教育の行方である。ラルンガルはニンマ派の学問体系を中心にすえているが、他宗派の学問も柔軟に採り入れ、四大宗派（サキャ派、カギュ派、ニンマ派、ゲルク派）すべての僧に入学の門戸を開いている。教義の優越性をめぐる宗派間の対立を教学の場

に持ち込まないという運営姿勢は確かにラルンガルの誇りであるが、今後その実態をきちんと確認する必要がある。

東チベットからインドやネパールに亡命した高僧の中にもリメ運動に賛同する者は多数いる。亡命後のダライ・ラマ十四世も宗派間の相互理解を進める上で、リメ運動に込められた、真理を洞察する力に着目している。なおラルンガルは四大宗派に門戸を開いているが、チベット仏教の最大勢力であるゲルク派僧は在籍していないと言われている。すなわち、ラルンガルはチベット仏教の中で、緩やかな〝野党連合〟的な性格を有していると言えよう。ただしこの点については、チベット仏教学の専門家らの意見を仰ぎつつ、改めて考えてみたい。

「統一戦線活動」との駆け引き

ラルンガルは、チベット仏教を学ぶことを通して真理を探究する学問の府である。ただし、ラルンガルの誕生から成長の過程を眺めると、宗教教育活動の中に政治の影がはっきりと見える。

政治が宗教活動を監視し、宗教者に揺さぶりをかけ、政権維持の装置として利用する行為を中国では「統一戦線活動」と呼んでいる。つまり中国共産党が宗教組織や宗教指導者など党外の勢力と交渉を行い味方に付ける戦略を指している。

統一戦線活動の特徴は、柔道に例えるならば寝技である。中国国内で宗教活動を行う際、必ず政治と宗教の駆け引きが行われる。その際、政治が宗教を負かすのが世の常だが、政治は見事な一本勝ちを狙わず、必ず宗教を寝技に誘い込む。政治は宗教の急所を攻めたり、攻撃の手を緩めたりしながら巧みに交渉を行う。宗教は「政治と協力関係を結び、共産党のメンツをつぶさぬよう活動する」と約束すれば、寝技から逃れられるのである。

次に、統一戦線活動を説明する際、わかりづらい問題の一つが、現代中国における「無神論と信教の自由」である。

中国共産党の宗教信仰に対する立場は無神論であり、宗教をアヘンにたとえたマルクス主義宗教観は、毛沢東から習近平《しゅうきんぺい》の時代まで堅持されている。ただし、文化大革命終息後、共産党は「中国の特色ある社会主義」を実現する過程で、宗教の存在と意義を公式に認めてきた。つまり、共産党自身の手で「マルクス主義宗教観の中国化」が進行しているのである。無神論の看板に惑わされると、政治と宗教の動向を見誤ってしまいかねない。

「中華人民共和国憲法」（一九八二年採択）は、第三十六条で「公民は宗教信仰の自由を有する」と謳《うた》っている。ラルンガルの学僧や漢人信徒は公民であり、信仰の自由を有している（中国共産党員は信仰を持つことが許されない）。ただし、「中国共産党の宗教政策に従う」「外国の宗教組織から資金提供を受けない」「居住地外で宗教活動を行わない」等の制約を受けているため、憲法が定める信仰の自由は、中国共産党が許容した範囲での「自由」にすぎない。

漢人・華人信徒との関係

では、中国共産党が実際に寝技をかける相手は誰なのか。それは、現在のラルンガルのアイコンとも言える二人の高僧ケンポ・ソダジとケンポ・ツルティム・ロドゥである。

二人の共通点は、高度な学識を有すること、漢語の運用能力に優れていること、そして国内外に多数の漢人・華人在家信徒を抱えていることである。そのため、二人のケンポの活動範囲は中国国内にとどまらず、香港や台湾、そしてアジア、欧米、アフリカにまで及んでいる。その結果、多忙を極めラルンガルを留守にしがちな師僧の現状は、ラルンガルの学僧が抱える悩みの種となっている。

なかでもケンポ・ソダジは、ラルンガルの運営、広報、財務、渉外等、多方面の分野で中国共産党と対峙《たいじ》・協力する立場にある。当局との交渉は平坦ではなく、恫喝を受けたり、約束が破られたりすることもあるはずだ。その際、仏が授けた智恵だけではなく、漢人の信徒や知識人と交流を重ねて獲得した知識や処世術が大きな武器になっていると考えられる。

二〇一五年にケンポ・ソダジが来日して講演を行った際、チベットの宗教や文化に興味をもつ日本人が、私に次のように語った。

「チベット仏教の高僧が漢人と親密な関係を結ぶことに不満である。チベット仏教が漢人信徒に奉仕することに反対だ。いずれ彼らはチベット仏教に災いをもたらすであろうから」と。

この時私は、彼の乱暴な主張を受け入れることができなかった。なぜならば、チベット仏教はチベット人やモンゴル人によって担われる民族宗教ではなく、民族と地域を超えて信仰される世界宗教への道を歩んでいるからだ。

中国在住の漢人、海外在住の華人たちにもチベット仏教の教えは着実に根付き、信徒の数は飛躍的に増えている。彼らに共通するキーワードは安心感、利他、不殺生、瞑想、薬草、マンダラ等多様であるが、師僧が漢語を用いて教義をわかりやすく解説し、信徒各自の学習段階に応じて適切なアドバイスを与える点が好評である。

本文で紹介したとおり、ラルンガルの二枚看板の一人と言えるケンポ・ツルティム・ロドゥは二〇一八年に二度日本を訪問し、在日漢人・華人信徒に法話会を開き、瞑想指導を行い、時間の許す限り修行をめぐる質問に答えた。サービス精神旺盛なケンポの行動は、チベット仏教を学ぶ信徒の熱意に応えたものである。同時にケンポは、中国共産党が仕掛ける統一戦線活動という寝技攻撃に対応するための技法を、漢人や華人との交流からつかみ取ってきたに違いない。

二つの財産——師弟の絆と人材の多様性

中国共産党の漢人幹部のなかには、一万人を超す学僧を抱え肥大化したラルンガルの存在に反感を抱く者が少なくない。チベット仏教の興隆には、政権を脅《おびや》かす要素が潜んでいるという考えが根強くあるからだ。これまで公権力が肥大化したラルンガルを解体しようと思えば、そのチャンスは過去に何度もあった。ところが共産党は一時期に粛正を行ったものの、ラルンガルに致命的なダメージを与えることを避けてきた。

いったい誰が、そして何がラルンガルを守ってきたのであろうか。

①鄧小平「宗教復興政策」の遺産

鄧小平が掲げた宗教復興政策の中で、チベット社会を安定させる方策として、パンチェン・ラマ十世がラルン五明仏学院の設立を大きく支援した。歴史上、ダライ・ラマ政権の影響力が直接及ぶことが少なかった東チベットに誕生したラルンガルは、「中国共産党の政権維持に大きな脅威とならない」という政治的判断があったと考えられる。とりわけ後継の江沢民《こうたくみん》政権と胡錦濤《こきんとう》政権は、鄧小平の宗教政策とパンチェン・ラマの支援で成立したラルンガルの存在そのものを全否定することはなかった。

②信頼関係と多様性

ラルンガルを支える理念は、ジグメ・プンツォ初代学院長が掲げた「宗派と民族の壁を超えて学僧を受け入れる方針」であり、その教えは今も受け継がれている。この方針に従い、ラルンガルが成長・発展する過程で、二つの大きな財産が築かれた。

一つは、師僧と学僧との間に築かれた強い信頼関係である。学僧は「自分と他人を傷つけてはならない」という師僧の言葉を胸に、「二〇〇八年東チベット騒乱」に参加せず、焼身抗議に走ることもなかった。

もう一つは、組織が持つ多様性である。つまり、(a)チベット語の他にモンゴル語や漢語の運用に優れた高僧、(b)チベット人、モンゴル人、漢人等、異なる民族からなる学僧・信徒、(c)海外在住の漢人・華人信徒、(d)仏教に関心を寄せる国内外の支援者、(e)チベット仏教を信仰するチベット人党幹部等、広範囲かつ多様なルーツを持つ人々のネットワークがラルンガルを支えているのである。そして実態が不透明であるため本書では触れることができなかったが、(f)チベット仏教を秘かに信仰する党・政府関係者の存在も見え隠れしている。

社会インフラへの道

最後に、今後もラルンガルは存続可能なのであろうか。

私は可能であると思う。その際のキーワードは本文でも述べた「ソーシャル・キャピタル」である。これは人や組織の間のネットワークの重要性を説く概念であり、ラルンガルは学問の府として、社会に働きかけ社会に貢献する一面を有してきた。その特性をしっかり発揮することで、ラルンガルは存続の道を見いだすことができるはずだ。

第6章で紹介したとおり、ラルンガルはチベット人及びチベット仏教各宗派を束ねる「結束型ネットワーク」のみならず、チベット人と漢人・華人等を結ぶ「橋渡し型ネットワーク」の役割も担い始めている。つまり、現在のラルンガルは、チベット社会の財産という枠の中に収まりきらない存在になったと言える。

中国社会は経済発展による豊かな層が増加する一方で、腐敗と格差が広がり、社会保障の整備が遅れ、過度な競争に疲れている。胡錦濤政権が掲げた「宗教と和諧」政策が習近平政権においても確実に継続されている現状を踏まえるならば、中国共産党は和諧政策実現に寄与する社会インフラとしてラルンガルの存在意義を認める方向に動いていることは確かである。

ケンポ・ソダジやケンポ・ツルティム・ロドゥの著作活動、講演活動、インターネット講義は、チベット仏教に関心を寄せる中国国内および在外華人のネットワークの中にじわじわと浸透しつつある。

チベット人の中には、「政府の政策にすり寄りすぎだ」という批判の声もある。乱暴な改造計画が着々と進む中、「ラルンガルは国外の支援組織と連携して、国際世論に訴えるべきだ」という意見も出されている。

だが、ラルンガルの高僧や学僧が拳を振り上げて中国共産党批判に走ることは、ラルンガルの歴史に鑑みても得策ではないように思う。ラルンガルの構成員が、尊敬するジグメ・プンツォ初代学院長の遺言「ラルンガルの存続」を胸に、宗教的ソーシャル・キャピタルとして社会にはたらきかける道を模索することを、私は期待している。

⦿略年表

一九三三年　ジグメ・プンツォ、現在の青海省班瑪県にて生誕
一九四七年　ジグメ・プンツォ出家
一九五一年　ジグメ・プンツォ、チャンマ寺仏学院に入る
一九五九年　チベット自治区ラサで民族蜂起発生（三月）
　　　　　　ダライ・ラマ十四世がインドへ亡命（三月）
一九七八年　鄧小平が改革開放路線を示し、宗教復興政策がスタート
一九八〇年　ジグメ・プンツォがラルン仏教講習所を開設（十月）
一九八五年　色達県政府がラルン仏教講習所を認可（五月）
一九八六年　パンチェン・ラマ十世が甘孜州を視察、ラルンガルを訪問（八月）
一九八七年　ジグメ・プンツォが北京を訪問、パンチェン・ラマ十世がラルン五明仏学院と命名
一九八八年　ジグメ・プンツォ二度目の北京訪問
一九八九年　ジグメ・プンツォ、チベット自治区のタシルンポ寺を訪問（一月）
　　　　　　パンチェン・ラマ十世逝去（一月）
　　　　　　ラサでデモ発生、戒厳令を発布（三月）
　　　　　　ダライ・ラマ十四世、ノーベル平和賞を受賞（十月）
一九九〇年　ジグメ・プンツォ、ブータンとインドを訪問（四月〜五月）
一九九三年　ジグメ・プンツォ、アメリカを訪問
一九九七年　四川省政府がラルン五明仏学院を認可
一九九八年　漢人とラルンガルに関するルポルタージュ『寧瑪的紅輝』が中国で発禁処分
二〇〇〇〜〇一年　ラルンガルで粛正事件発生、尼僧坊の一部を撤去し、尼僧を放逐
二〇〇〇〜〇八年　断続的に外国人ラルンガル立入禁止の措置
二〇〇〇年　カギュ派最高位のカルマパ十七世がインドへ亡命（一月）
二〇〇一年頃　ラルンガルがケンポ・ソダジ著『法王晋美彭措伝』を発行
二〇〇四年　ジグメ・プンツォ逝去（一月）
二〇〇六年頃　ジグメ・プンツォの姪ムンツォが二代目学院長に就任
二〇〇八年　ラサ騒乱発生（三月）、東チベットで断続的に騒乱発生（二月〜七月）
二〇〇九年頃　ラルンガルに新・僧経堂が完成
二〇一〇年　青海省大地震発生、ラルンガルが救援隊を派遣（四月）
二〇一一年頃　ラルンガルに新・尼僧経堂が完成
二〇一二年　ラルンガルに喇栄賓館が開業（八月）
二〇一四年　ラルンガルで大規模僧坊火災が発生（一月）
　　　　　　チベット亡命政府のラルンガルレポート『浴火重生』が台湾で発売（三月）
二〇一五年　ケンポ・ソダジが日本を初訪問（十一月）
二〇一六年　ラルンガル改造計画がスタート、外国人立入禁止（六月頃）
　　　　　　台湾人信徒のラルンガルレポート『智慧的山嶺』が台湾で発売（九月）
二〇一七年　ケンポ・ツルティム・ロドゥが日本を初訪問（一月）
　　　　　　NHKが「天空の〝宗教都市〟」を放映（三月）

資料

ＮＨＫ制作「天空の宗教都市」評

「紅の宗教都市」

二〇一七年三月十一日、ＮＨＫ・ＢＳプレミアムが「天空の〝宗教都市〟チベット仏教・紅《くれない》の信仰の世界」と題する番組を放映した。

ラルンガル構内中心部に更地《さら》の映像が見られることから、ＮＨＫは二〇一七年二月頃まで現地取材を続けていたことがわかる。それ以後、ラルンガルで改造計画が加速したことを考えると、この番組は二〇一七年二月時点のラルンガルを記録した点で大きな資料的価値がある。

外国の放送局による、二〇一五年から足かけ三年にわたる取材及び九十分間のラルンガル特集番組は、国内外を通じて例がない。

放映から二ヵ月後、ＮＨＫサイト内の番組記録には、次のような紹介が掲げられていた(1)。

「中国・四川省の奥深く標高四千メートルの山肌に突如現れる、一万もの紅の修行小屋。中国最大規模の仏教僧院、〝紅の宗教都市〟だ。その僧院の内部に、初めて４Ｋカメラが入った。かつて、何もない荒れ地に建てられた小屋から始まった、宗教都市の知られざる歩みとは。この僧院を頂点に広がる、チベット仏教の独自の精神世界とは。中国の奥地に奇跡のように残された、美しき〝紅の宗教都市〟を旅する」。

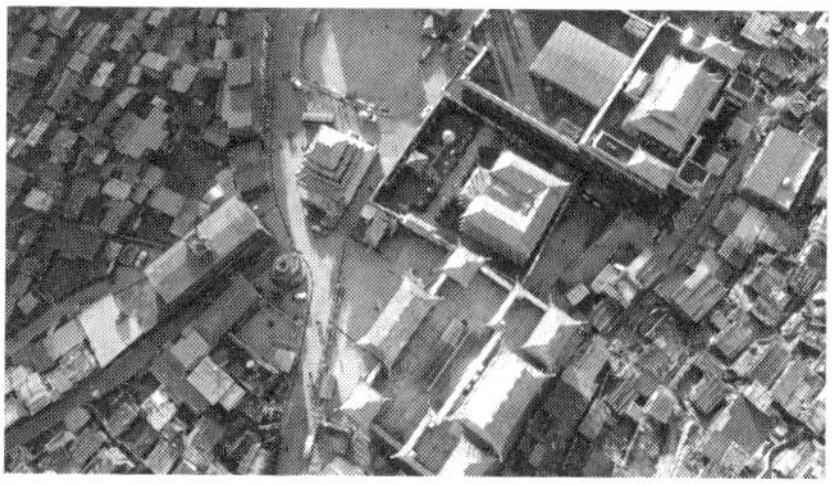

図1　番組タイトルシーン

図2　風雲急を告げるラルンガル

ラルンガルが「中国の奥地に奇跡のように残された」場所であることは間違いないが、私は「宗教都市」という表現に少なからず違和感をもった。私の脳裏に刻まれたラルンガルの原風景は黄土色に覆われ、砂ぼこりを上げながらけたたましくトラクターが走り抜ける姿であった。ただし、二〇〇八年の東チベット騒乱以後、ラルンガルには大型クレーンがそびえ、槌音《つちおと》を響かせながら鉄とコンクリートの集合体へと大きく変貌していった。

番組の映像を見る限り、確かに今のラルンガルには立派な大経堂が建ち、大型駐車場、展望台、商業施設、公衆トイレ、4Gの通信環境、アスファルトの舗装路、まばゆいほどの外灯が次々と整備され、いつのまにか「宗教都市」と呼ぶにふさわしい風格が備わっていると感じた。しばしば停電し、ゴミの山から悪臭が漂っていたのは一昔前のことだ。

「仏の宿る光の場所」

映像を見ると、取材班は苦労の連続だったようである。大経堂《だいきょうどう》での出来事を紹介する。「何人かの修行僧に話しかけてみた。すると皆同じ答えが返ってきた。『チベット仏教の話はしたい。それ以外の話は何もしたくない』。詳しいことはわからなかったが、複雑な事情があるらしい。この言葉が修行僧の日常を記録する条件となった」。

「それ以外の話は何もしたくない」という修行僧の言葉は、「政治がらみの話はできない」という意味である。中国社会の中で、ラルンガルは政治的に〝敏感〟な場所と見なされ、中国共産党の宗教政策と統一戦線活動の重要な舞台であったからだ。二〇〇四年のジグメ・プンツォ学院長の逝去後、ラルンガルが持つ〝敏感〟さは徐々に薄ら

図3　仏塔に向かい五体投地を行う漢人信徒

図4　ジグメ・プンツォの肖像を掲げたツェテン・トゥンドゥプの僧坊

いでいったが、二〇一七年秋に開催される中国共産党第十九回全国大会を控え、ラルンガルは再び政治の力に激しく揺さぶられていた。

番組の中でラルンガルは「仏の宿る光の場所」と紹介された。光を求めてラルンガルに集ったのはチベット人やモンゴル人だけではなく漢人も含まれる。ラルンガルの象徴とも言える大仏塔の前で、数名の漢人が五体投地の礼を行っている。両手、両膝、額を地面に投げ伏す礼拝は、仏や高僧への絶対的な帰依《きえ》を表すものである。

図3の場面の手前の白いコート姿の女性は北京からやって来た。癌を患う兄の回復、そして万一他界した場合でも兄に善き来世があるよう懸命に祈り続けているとのこと。北京で暮らす漢人にとってラルンガルは宗教を体感する観光地としてだけではなく、祈りの場としても注目が高まっている。彼女は「ラルンガルではありのままの自分で祈ることができる」と語る。虚心坦懐《たんかい》な祈りの先にやがて一筋の光が見えてくるはずだ。

解脱《げだつ》と殺生《せっしょう》

ツェテン・トゥンドゥプは三十一歳、出家して十七年目の修行僧である。僧坊に電気はあるが、ガスと水道はない。野菜と米を中心とした自炊生活を送っている。毎朝一時間読経《どきょう》することが日課であり、仏への祈りを表す真言《しんごん》を七千回唱えている。「私は将来この世のすべての命・衆生《しゅじょう》［生命あるものすべて］を救うために〝解脱《げだつ》〟の境地に達する僧侶になりたい」という目標をもって日々修行に励んでいる。解脱とは悩みや迷いなど煩悩《ぼんのう》の束縛から解き放たれて、自由の境地に到達することだ。

ある日、取材班はツェテンに同行した。ラルンガルから百五十キロメートル離れた炉霍《ダンゴ》の町では、二十一歳の弟ウガが病気療養中であった。ウガは三年前に出家したばかりだ。肺結核が進み、肺の切除が必要な状況であった。手術の前に栄養価の高い食品を摂り、体力の回復に努めなければならなかった。ただしウガは仏教がもつ殺生を戒める教えを優先するため、肉食を拒否した。「自分の命を守るために他の命を害してはならない」というウガの決意に、僧侶として生きることの厳しさを感じた。

ツェテンの実家はチベット牛を放牧して生計を立てているが、仏の教えを守り功徳を積むため、牛の殺生をやめた。今はミルクとバターそして野菜が食卓を支えている。「私たちは家畜を殺しません。屠殺すれば、私たちが地獄に落ちるから殺せません」。

チベット文化を守る僧

ラルンガルの僧は、チベットの伝統と文化を守る担い手としても期待されている。その一人プンツォ・タシは十五歳で出家し、現在二十六歳になる。彼は僧坊でパソコンと向き合い、チベット仏教の古い経典の中の教えを、インターネットを通じて発信している。

僧坊の壁には、リンカーン（アメリカ第十六代大統領）、オバマ（同第四十四代大統領）、キング牧師の肖像写真が貼られている。アメリカのキング牧師は黒人解放運動の指導者であり、非暴力直接行動主義の立場から公民権運動を指導した人物である。

「彼らが語った言葉は、仏教の教えに非常に似ているところがあります。社会の問題を解決に導いた人物なのでポスターを貼りました」。プンツォ・タシの力強い言葉には、中国とチベットの複雑な関係を語ることはできないが、修行僧は社会の動向を注視しているというメッセージが隠されている。

ある日、町の人々がプンツォに「智恵を貸して欲しい」と頼んだ。「チベット文化の継承には言葉と学問が必要だ。どのように解決すべきか教えてください」と言う。これに対しプンツォは答える。

「チベット民族の文化は危機に直面しています。そのことに気づいた今、黙っていてはいけません。我々はでき

図5　パソコンに向き合うプンツォ・タシ

図6　近隣の町や村の小学生にチベット語講習を行うプンツォ・タシ

ることを始めなければなりません」。

現在中国政府は、チベット人居住区の学校で漢語による授業の実施を重視している。チベット人の保護者は漢語とチベット語をともに学びつつ、子供たちにチベット文化を継承してほしいという切実な思いを抱いている。こうして町の人々の要請により、プンツォはチベット語講習会の講師を買って出た。そして小学生たちに、「あなたたち一人一人が成功すれば、チベット社会は輝きます」と熱く語りかけた。

学校教育における言語の問題は、中国共産党の民族政策の柱の一つであり、チベット人のアイデンティティを支える上で黙認できないことである。漢語運用能力の高くないチベット人の教員が職を失うという問題もはらんでいる。二〇一〇年に青海省同仁県で、数千ものチベット人中高生が、チベット語による学校教育の存続を訴えてデモを行ったことがある。一方で、チベット人の子供が将来職を得るためには十分な漢語能力が必要であり、大人も子供も民族の誇りと実社会の狭間《はざま》で大きな悩みを抱えている。

「嵐が去るのを待て」

番組開始から五十二分後、ラルンガルに風雲急を告げる事態が発生した場面が描かれ、次のようなナレーションが流れた。

二〇一六年十一月、修行僧の姿が消えた。
室内で修行を続けるよう指示が出されていた。
何が起こったのか、みな口を閉ざしたままだった。

図7　ラルンガル改造計画の着手が布告された

図8　ラルンガルで問答試験に臨むプンツォ・タシ

「嵐が去るのを待て」。この言葉が僧院で広がっていた。

風雲急を告げる事態とは、ラルンガル改造計画を指している。「嵐が去るのを待て」はラルンガルのある高僧が発した指示だと言われている。

ラルンガルの丘の斜面にはチベット語で書かれた「ジグメ・プンツォ様、私たちをお守り下さい」という祈りの言葉の横に、「共産党と心を一つにし〝中国の夢〟を築こう」（同心共築中国夢）という中国共産党のスローガンが掲げられていた。

「中国の夢」とは二〇一二年に習近平《しゅうきんぺい》が掲げた政治理念であり、「中華民族の偉大なる復興」を実現することを目的としている。「中華民族」とは漢人と五十五の少数民族を統合する政治的概念であるが、実際は漢人を中心にすえたものであり、チベット人の中には根強い反発の声もある。

修行僧の夢

二〇一六年十二月、プンツォは仏学院で十五分間の問答試験に臨んだ。

「煩悩の妨げを取り払った人と煩悩により信仰を邪魔される人は同じか？」

「仏道を修行する上で、瞑想の境地を備える修行者はありえるのか？」

これは難問だ。チベット仏教の教えは論理的に構成されている。修行僧は日々、各種問答を通して仏教の基本概念と基本命題を学んでいく。筆記試験は三十問、試験時間は三時間に及び、経典の理解度が試される。

プンツォは無事試験に合格すると、顔から笑みがこぼれた。「僧侶には実践すべき大切なことがあります。他者の苦しみを取り除き、尽くすことです。私はまだ高いレベルの修行者には達していません。しかし、少しでも社会のためになる僧侶を目指したいのです」と語るプンツォの夢は、故郷に戻り仏の教えを広めることである。修行はまだ道半ばだ。

故郷で寺子屋を開いたケンポ

ラルンガルで学ぶ修行僧の学修期間は、ある者は五年、ある者は十年と各自異なる。学僧の目標はケンポと呼ばれる学堂長の資格を得て、社会へ学問を還元することである。

ラルンガルから二百五十キロメートル離れたところに、人口二千人のシャードゥイ村がある。村の寺院を預かるのは、ラルンガルで二十年間の修行を終えたケンポ・ダワ・ウーセルである。村人に請われ故郷に戻った。ウーセルは「あわれみの心を持つ文殊菩薩《もんじゅぼさつ》の光明で、我が無知の暗闇を照らし、仏の教えを理解するところの汚れなき智恵の光を賜らんことを願う」と村人に仏の教えを授ける。「信仰には力があります。人の欲望や悪行の誘惑を取り払ってくれます。人間は善良になり、他者を助ける気持ちになります」。

ウーセルは辺境の村々を支える僧の育成にも力を注いでいる。八歳から十七歳までの二十五人の少年僧が、親元を離れ寺に寄宿して五年間を過ごす。師は「学んだことを心の中で思い起こし、他者を害さず、役に立つよう心がけて下さい。一生懸命勉強する必要もありますが、基本は良き心を持つことです」とやさしく語りかける。その後、本格的な修行を志す少年僧は、ラルンガルへと学びの場を移す。

図9　ウーセルの寺子屋

鳥葬の観光化

ケンポ・ダワ・ウーセルの寺は敬老院と呼ばれる老人ホームを併設している。敬老院では、百人の老人が生活を共にしながら、来世へ旅立つ心の準備を行う。癌を患う一人の老人はこう語った。「自分の身体は血と肉でできている。魂が抜けた後は亡骸を

図10　閻魔の衣装をまとったラルンガルの鳥葬師

ハゲタカに献じたい。私たちはラルンガルで鳥葬されることを望んでいます」。

　ラルンガルでは毎朝、多くの尼僧が遺体安置所に集い、一斉に死者の魂をこの世の苦悩から救う真言を唱える。その後、遺族は亡骸を鳥葬場へ運び、仏塔の周囲を何度も巡ってから鳥葬師に遺体を預ける。

「チベット仏教では、人が死を迎えた時、魂はその肉体から分離し、この世で漂い始める。尼僧の唱える真言は、さまよい始めた魂を慈悲深く供養すると信じられている。その後、四十九日をかけ、魂から人間的な感覚が失われ、次の再生の世界へ向かうとされている」。

　鳥葬師は骨の一部を切り取り、形見として遺族に渡す。チベットでは、ハゲタカは「魂を天界へ運ぶ女神」と信じられている。空腹を満たしたハゲタカは他の動物を襲うことがない。遺族は死者が自らの身体で行う最後の功徳をしっかりと見届ける。

　遺体の処理が終わると、鳥葬師は経を唱え始めた。

「この世に我も他者も存在しない。神も悪魔も存在しない。すべては無であり、悪も善もない。苦も楽もない。世俗も解脱もない。私の身体は供物として空行母《カンドマ》に献じます」。

　番組では、鳥葬師の一人が冥界で死者の罪を裁く閻魔《えんま》の衣装をまとっていた。仏の教えを、信仰を持たない者に理解させるための配慮であるとともに、鳥葬観光化の一環と考えられる。鳥葬が持つ本来の意味が失われるわけではないが、私は鳥葬師の姿に驚きを禁じ得なかった。

ラルンガルへの敬意

最後に私の番組評を述べる。

ラルンガルに焦点を当て、功徳、祈り、学問、殺生、鳥葬等、チベット仏教とチベット社会を理解するためのキーワードを織り込んだ宗教紀行番組として成功したことは確かである。そして、NHKは番組制作にあたって、安全運転に徹したと感じた。それは事《こと》なかれ主義ではなく、ラルンガルへの敬意の表れと考えられる。「ラルン五明仏学院は何としても存続していかねばならない」というジグメ・プンツォ学院長の遺言への敬意である。

番組は本書のように政治と宗教の関係からラルンガルを紹介することも可能であったはずだが、ラルンガルの存続と発展を願うという姿勢から、ラルンガルの今を多面的に描くことに徹した。抑制のきいた描写に対して、不満を抱いた視聴者もいたことだろう。私の周囲でも「ダライ・ラマの視点を外したチベット論は無意味だ」、「宗教弾圧を描くべきだ」という声を聞いた。

ツェテン・トゥンドゥプ、プンツォ・タシ、そしてケンポ・ダワ・ウーセルの姿は、ラルンガルが学問と修行の場であると同時に、チベット社会を守り育てるための宗教者育成の場でもあることをわたしたちに教えてくれた。ラルンガルが持つソーシャル・キャピタルとしての役割は今後しっかりと論じられるべきである。

視聴者にとって一番腑《ふ》に落ちなかった点は、「嵐が去るのを待て」の「嵐」についての具体的な説明がなされなかったことであろうが、本書がその疑問にある程度答えることができたのではないか。

（取材：如水社、プロデューサー：木下富夫、制作統括：西脇順一郎）

(1) https://hh.pid.nhk.or.jp/pidh07/ProgramIntro/Show.do?pkey=001-20170311-10-29185（二〇一七年五月二十九日閲覧）

【謝辞】本書に番組画面の使用を許可下さった日本放送協会に感謝申し上げます。

あとがき

数年前に東チベットのある仏教寺院に泊めていただいた時のことである。

夕食を囲みながら雑談をしている最中、あるニンマ派の高僧が私に向かって、「中国共産党と離婚するつもりはありません」と語った。続けて、「文化大革命で痛めつけられていた期間、毎日『毛主席語録』の暗唱を命じられました。辛酸をなめたものの、その結果、漢語を習得することができたのです。中国共産党とうまく付き合うには、絶対に漢語能力が必要です。しっかり情報を集めて、彼らを刺激しないことが大切です。この豪華な寺院を見てください。世間を渡るためのつぼをきちんと押さえていることがわかるでしょう」と、自信ありげに話してくださった。

中国共産党は高僧や神父などの宗教指導者に寝業攻撃をしかけ、党の宗教政策に従うよう懐柔《かいじゅう》を図る。多くの宗教者が共産党の絞《し》め技に音《ね》を上げる中で、この高僧は巧みな返し技を持ち、公権力と戦うコツを会得していると見た。チベット仏教界の中で数少ない寝業師と言えるであろう。高度な学問を有する一方で、あくの強さと老《ろう》獪《かい》さを併せ持つその姿は堂々としていた。大事なことは、〝魔物〟相手の勝負では負けのダメージを小さくすること。あの高僧はそう言いたかったに違いない。

中国共産党と向き合う際に垣間《かいま》見える清濁併せ呑む度量の大きさ、私にとってこれがニンマ派の魅力である。アポイントなしで寺を訪問し、「高僧に謁見させて下さい」、「一晩泊めてください」とお願いすると、これまで多くの場合、追い返されることなく、食事や宿泊の世話、車の手配、施設の見学等、遠来の客として丁重な扱いを受けてきた。

一方、チベット仏教の中で最大の勢力を誇り、仏教論理学を真剣に学ぶゲルク派の寺院は、公権力と厳しい関係に置かれていることも影響してか、外部の人間への警戒心が強く、「一見《いちげん》さんお断り（要紹介）」という壁に幾度も泣かされた。

ニンマ派の高僧は「山中から埋蔵経典（テルマ）を発掘した」とか、「前世と来世を見通せる不思議な力を持つ」という妖術使いの面が強調されることもあるが、私が実際に彼らと交流を重ねる中で感じ取ったことは、好奇心の強さと人なつこさである。本書で紹介した漢人信徒たちのラルンガル信仰を読み解く鍵の一つは、高僧が持つ包容力である。「リメ運動」と呼ばれる宗派を超えた交流が生まれ、ニンマ派やカギュ派等の緩やかな野党連合的性格をもつラルンガルが創設された東チベットは、私の眼に寛容な大地と映った。

ラルンガル改造計画が進展する中、ラルンガルは私が二〇〇一年に初めて目にした時と比べて、大きくその姿を変えてしまった。それは紅く厚化粧を施した外観だけではなく、高僧の活動内容や漢人信徒の動向に見られる変化である。ここ十年の間で確認できる最も顕著なものは、中国国内、香港、台湾、在外華人の間に張りめぐらされたラルンガルのネットワークである。ラルンガルの顔と言えるケンポ・ソダジやケンポ・ツルティム・ロドゥが国内外の信徒と直接交流を深めると同時に、漢語版の教科書、経典、エッセイ集、講義録、講演録等、合計百冊余りが通信販売され、インターネットを利用した講義の動画が多数配信されている。チベット仏教全体の動向を見る上で、ジグメ・プンツォ初代学院長の教えが、複数の高弟たちによって世界各地に広められている現状をしっかり認識することが重要である。チベット仏教は伝統宗教の一つであるが、ラルンガルの人的ネットワークの急速な拡大を見ると、新宗教的な要素を併せ持つ傾向があると感じられる。この点は後日、改めて論じてみたい。

今、中国共産党が一番重きを置いている宗教政策は、「宗教の中国化」である。それは宗教が社会主義の中国にきちんと適応し、慈善活動への貢献を強く求める政策と言い換えることができる。中国の為政者は宗教を手なずけ、社会の安定装置として利用する考えを持っている。一方、ラルンガルの高僧は強引な「宗教の中国化」政策に拳を振り上げて反対するのではなく、チベット亡命政府と連携することもなく、中国に留まって、いわば面従腹背の姿勢で公権力と「協調」関係を保つ態度に徹している。つまり、ラルンガルは公権力と軽く片手を握りつつ、もう片方の手で自分たちの宗教活動の領域を拡大することに成功している。時流に逆らわないしたたかな処世術、これもラルンガルの魅力と言える。

二〇〇一年の僧坊撤去事件、二〇〇四年のジグメ・プンツォ初代学院長の逝去、そして二〇一六年に始まったラルンガル改造計画、これらの苦難や悲しみから逃げることなく、痛めつけられるたびに公権力と向き合うための免疫力を強め、心のかさぶたを厚くしてきたラルンガルを、虐げられた哀れな存在と見誤ってはならない。

*

さて、外国人はいつ頃ラルンガルを訪問できるようになるのかと気をもんでいる読者も多いことだろう。「急《せ》いては事をし損じる」と言う。くれぐれも「夜攻《ぜ》め」や「関所破り」（深夜にタクシーで検問を突破すること）をなさらぬよう。お天道《てんと》様は何から何までお見通しである。ラルンガルの高僧は、一部の日本人に見られる無鉄砲な行動を嘆いている。

二〇一九年の後半には、ラルンガルから百キロ余り離れたところに位置する甘孜《カンゼ》ケサル空港がオープンする予定だ。四川省の成都双流空港からの所要時間は七十分と報道されている。まもなく十数時間の長距離バスに乗らずとも天空の聖域ラルンガル詣《もう》でが可能になる。ただし、逸《はや》る気持ちを抑えていただきたい。高地訪問の際、焦りは禁物《きんもつ》だ。高山病というもう一つの〝魔物〟が口を開けて待っているからだ。頭痛、嘔吐《おうと》、激しい倦怠感、目まい等の症状が現れると要注意である。最悪の場合、肺に水がたまり命を落とすこともある。高山病のリスクを下げるには、長距離バスを利用し、二日かけて高度順化を行うことが何より大切である。四千メートルの高地を、ゆめ軽んずべからず。

なお、ラルンガル及び東チベットのもう一つの聖域ヤチェン修行地のことをもう少し知りたいと思う読者諸賢へのお知らせ。拙著『東チベットの宗教空間』（北海道大学出版会）にヤチェン修行地の詳しい紹介があるので、参照いただきたい。そして、チベット仏教のことをきちんと理解したい読者に『須弥山《しゅみせん》の仏教世界』（佼成出版社）と『サンガジャパン二十四号　特集：チベット仏教』（サンガ）を勧めておきたい。

次に、研究者の皆様へのメッセージ。これまでたくさんお叱りの言葉をいただいた。例えば「チベット語ができない」、「チベット仏教への理解が浅い」、「チベット僧の心情を理解していない」、「チベット亡命政府の意向を汲んでいない」等。一人の研究者がなし得る仕事には限界がある。チベット問題や中国の宗教事情に関心を持つ研究者のみなさん、ぜひラルンガルで現地調査を行ってみてほしい。各人の研究成果を持ち寄って、ラルンガルについての議論を深めていきましょう。

そろそろ外国人へのラルンガル再開放の時期が近づいてきたようだ。私は今、七度目のラルンガル訪問へ向けて、旅《フィールドワーク》の支度を整え始めている。

では、ラルンガルでお目にかかりましょう。

最後に、本書の出版を勧めて下さった集広舎代表・川端幸夫氏、拙い原稿を辛抱強く編集していただいた忘羊社の藤村興晴氏に感謝申し上げます。

二〇一九年二月

川田　進

【謝辞】本研究はＪＳＰＳ科研費「１６Ｋ０２０２２（代表：川田進）」、「１６Ｈ０５７１２（代表：櫻井義秀）」、「１８Ｈ００７１８（代表：吉開将人）」の助成を受けたものです。

図版出典一覧（筆者撮影写真を除く）

コラム①

長田幸康「谷を埋め尽くす大ゴンパ」、『旅行人』165、102-103頁

「チベット文化圏の定期バス路線図」、旅行人編集室『旅行人ノート①チベット』旅行人、1996年、12頁

旅行人編集室『旅行人ノート①チベット』旅行人、1996年、表紙

旅行人編集室『旅行人ノート①チベット』改訂版、旅行人、1998年、表紙

旅行人編集部『旅行人ノート①チベット』第3版、旅行人、2002年、表紙

旅行人編集部『旅行人ノート①チベット』第4版、旅行人、2006年、表紙

1-3　https://earth.google.com/web/（2017年7月24日閲覧）

2-8　http://dangshi.people.com.cn/n/2014/0311/c85037-24600741-3.html（2016年9月1日閲覧）

2-16　http://blog.sina.com.cn/s/blog_58c98ade0102v9fc.html（2016年9月6日閲覧）

2-17　http://woeser.middle-way.net/2013/11/1988.html（2016年9月7日閲覧）

2-20　http://image.space.rakuten.co.jp/lg01/53/0000036253/70/img7deda3f7hmhnds.jpeg（2016年9月12日閲覧）

コラム③

http://www.tibetinfo.net/reports/trel/sr5.htm（2003年8月20日閲覧）

コラム④

http://www.blh.hk/xstx_detail/newsId=134.html（2017年3月19日閲覧）

http://www.blh.hk/xstx_detail/newsId=40.html（2017年3月19日閲覧）

4-2　http://c-xd.cn/main/default.asp?log_Year=2006&log_Month=7（2017年4月4日閲覧）

4-8　http://www.savetibet.org/Chinese/Chinese.cfm?ID=2246&c=71（2004年9月27日閲覧）

4-16　http://www.xianmifw.com/guru_yxpc/main.html（2017年5月3日閲覧）

5-15　http://www.nmzx.com/Dzogchen/wmfxy.htm（2003年9月11日閲覧）

5-16　http://nmzx.rswh.com/showthread.php?s=116c2e902def0996991923a918429633&threadid=12721（2004年1月16日閲覧）

5-17　http://bj2.netsh.com/bbs/94063/（2006年3月頃閲覧）

5-18 http://www.nmzx.com/cspj/juemu/yq-1.html（2006年2月27日閲覧）

5-19　http://www.blh.hk/xstx_detail/newsId=20.html（2017年5月10日閲覧）

5-22 http://video.sznews.com/content/2010-04/15/content_4533537.htm（2010年10月18日閲覧）

5-23　http://blog.163.com/amy1969zhou@126/blog/static/33749833201032053222250/（2012年2月11日閲覧）

5-24　http://www.jiangma.com/oldd/images/yushu/y2.JPG（2019年2月26日閲覧）

5-25　https://www.youtube.com/watch?v=E5tI75vQlBA（2018年8月24日閲覧）

6-11 http://www.chinanews.com/shipin/2014/01-10/news361078.shtml(2014年1月24日閲覧)

6-12　https://twitter.com/degewa（2016年7月22日閲覧）

6-13　http://xizang-zhiye.org/%E7%BF%92%E8%BF%91%E5%B9%B3%E9%96%8B%E6%9C%83%E6%B1%BA%E5%AE%9A%E5%BC%B7%E6%8B%86%E8%89%B2%E9%81%94%E5%96%87%E6%A6%AE%E4%BD%9B%E5%AD%B8%E9%99%A2-%E9%A9%85%E9%80%90%E5%83%A7%E5%B0%BC/（2016年11月25日閲覧）

6-14　http://www.sohu.com/a/134612221_186357?_f=v2-index-feeds（2017年6月5日閲覧）

コラム⑫

http://news.hexilai.com/show.aspx?id=660（2017年6月10日閲覧）

http://www.bbc.com/news/av/world-asia-36545624/taking-a-drone-on-honeymoon?SThisFB=（2017年6月11日閲覧）

6-19　http://weibo.com/u/5066957349?refer_flag=1005055014_&is_hot=1#_loginLayer_1472025181681（2016年8月24日閲覧）

慈誠羅珠堪布（出版年不明）『慧燈之光』全10巻
甘孜喇栄寺・五明仏学院2002 『見益略伝』喇栄五明仏学院
甘孜蔵族自治州仏教協会編2011 『甘孜州仏教協会志』巴蜀書社
耿軍・偉翔1989 「班禅大師最後的西蔵行」『中国西蔵』2（夏季号）、5-11頁
国際声援西蔵組織2013 『西蔵文化絶滅六十年——第三方観察家対西蔵局勢全景解析』雪域出版社
華子1989 「評中央政府与達頼喇嘛的談判」『中国西蔵』1（春季号）、3-4頁
黄瑞国2017 「1980年後『新型蔵伝仏教学院』的空間変化研究以色達五明仏学院為例（1980-2015）」国立成功大学建築研究所碩士論文
晋美彭措2014 『不離』華文出版社、口述：晋美彭措、編訳：索達吉
蒋秀英主編2005 『吟唱的金馬草原——色達』中国文史出版社
李晋2006 「漢人喇嘛的信仰 ——関於当代中国宗教復興的論辯」中国人民大学碩士論文
李晋2010 「当代蔵漢的仏教交流—— 色達的民族志対話」『ICCS現代中国学ジャーナル』2(1)、386-399頁
青鳥探路2002 『四川蔵区之旅』西南財経大学出版社
熱貢・多吉彭措2009 『印象色達』四川美術出版社
色達喇栄五明仏学院（2007）『心中燃起的時代明灯』色達喇栄五明仏学院、発行年はラルン五明仏学院の高僧に確認
色達・慈誠2014 『浴火重生——西蔵五明仏学院盛衰実録』雪域出版社
四川省色達県志編纂委員会編1997 『色達県志』四川人民出版社
索達吉1993 「梵宇書声百年基——記四川甘孜色達喇栄五明仏学院」『法音』6
索達吉堪布（2001）『法王晋美彭措伝』喇栄五明仏学院、発行年はラルン五明仏学院の高僧に確認
索達吉堪布2012a 『苦才是人生』甘粛人民美術出版社
索達吉堪布2012b 『做才是得到』甘粛人民美術出版社
索達吉堪布2015 『你在忙什麼』民主与建設出版社
王小彬2009 『経略西蔵——新中国西蔵工作60年』人民出版社
唯色2006 『殺劫——不可碰触的記憶禁区・鏡頭下的西蔵文革・第一次披露』大塊文化、撮影：沢仁多吉、文：唯色
唯色2009 『鼠年雪獅吼——二〇〇八年西蔵事件大事記』允晨文化實業股份有限公司
翁林澄・達娃拉姆2016 『智慧的山嶺』時報出版
呉玉天1996 『訪雪域大師——西蔵密宗考察訪談紀実』甘粛民族出版社
希阿栄博堪布2012 『寂静之道』世界図書出版公司北京公司
亜青寺（2002）『増信妙薬』亜青寺、発行年はヤチェン修行地の高僧に確認
一白編著2012 『行摂川西』機械工業出版社
易立競2014 「索達吉堪布上師下山」「仏法不需要与時俱進——対話索達吉堪布」『南方人物周刊』388、32-42頁
一直2002 『蔵地牛皮書』中国青年出版社
扎西沢仁（1989）『班禅大師在四川蔵区』《班禅大師在四川蔵区》画冊編輯委員会、出版年は追悼文の日時から判断
張華2003 『独行川西北高原』南方日報出版社
曽頡・梁天戈2017 「五明仏学院所在鎮的企画探索」『城郷建設』10、36-38頁
鄭紅2004 『天府聖域』湖南文芸出版社
中共中央1982 「関於我国社会主義時期宗教問題的基本観点和基本政策」、中共中央文献研究室総合研究組・国務院宗教事務局政策法規司編『新時期宗教工作文献選編』宗教文化出版社、1995年、54-73頁
中共中央1984 「中共中央関於印発《西蔵工作座談会紀要》的通知」「西蔵工作座談会紀要」、中共中央文献研究室・中共西蔵自治区委員会編『西蔵工作文献選編一九四九－二〇〇五』中央文献出版社、2005年、358-369頁
中共甘孜州委党史研究室2004 『中国共産党甘孜州歴史大事記』中共甘孜州委党史研究室
中国宗教編集部2010 「用特別的愛為災区撐起一片藍天」『中国宗教』5、18-20頁
卓新平・鄭筱筠2015 『宗教慈善与社会発展』中国社会科学出版社
［英語］
Goldstein,Melvyn C. and Matthew T.Kapstein, 1998. *Buddhism in contemporary Tibet : religious revival and cultural identity* ,Berkeley:University of California Press.

参考文献一覧

[日本語]

大川謙作2015　「チベット史年表」、ダライ・ラマ著、木村肥佐生訳『新版チベットわが祖国――ダライ・ラマ自叙伝』2015年改版発行、中央公論新社

長田幸康1993　『ぼくのチベット・レッスン』社会評論社

長田幸康・細井奈緒美編2000　『チベット・デビュー』オフィス・モモ

長田幸康2000　『あやしいチベット交遊記』現代書館

長田幸康2007　『天空列車――青蔵鉄道で行くチベット』集英社インターナショナル、文：長田幸康、写真：長岡洋幸

長田幸康2012　「谷を埋め尽くす大ゴンパ」『旅行人』165、102-105頁

小野田俊蔵2010　「チベット仏教の現在」『須弥山の仏教世界』佼成出版社、編集委員：沖本克己、編集協力：福田洋一、237-261頁

加々美光行1992　『知られざる祈り・中国の民族問題』新評論

川田進1999　「チベットを歩くための指南書『旅行人ノート　チベット』」、『東方』222、35-37頁

川田進2003　「仏学院と尼僧を襲った党の宗教政策――喇栄五明仏学院の事例から」『火鍋子』60、40-52頁

川田進2004　「五明仏学院事件の検証――法王を失った学院の現状と苦悩」『火鍋子』63、67-78頁

川田進2007　「色達喇栄寺五明仏学院事件に見る中国共産党の宗教政策」『大阪工業大学紀要 人文社会篇』51(2)、9-31頁

川田進2008　「ヤチェン修行地の構造と中国共産党の宗教政策」『大阪工業大学紀要　人文社会篇』52(2)、25-63頁

川田進2012　「中国政府の宗教政策と「公益」活動――チベット系仏学院の震災救援活動を通じて」『宗教と社会貢献』2(2)、1-16頁

川田進2015　『東チベットの宗教空間――中国共産党の宗教政策と社会変容』北海道大学出版会

川田進2017　「明暗を分けたチベット仏教の高僧――中国共産党の宗教政策と権利擁護の主張」、櫻井義秀編著『現代中国の宗教変動とアジアのキリスト教』北海道大学出版会、301-322頁

蔵前仁一1986　『ゴーゴー・インド』凱風社

蔵前仁一1996　『沈没日記』旅行人

蔵前仁一2013　『あの日、僕は旅に出た』幻冬舎

蔵前仁一2015　『よく晴れた日にイランへ』旅行人

清水勝彦2002　「『宗教弾圧』をビデオで告発　中国『信仰の自由』の真相」『AERA』2月4日号、77頁

トゥルク・ギュルメ・ドルジェ・リンポチェ2016　「ケンポ・ジグメ・プンツォク・リンポチェ伝」、『チベット文化研究会報』40(4)、1-6頁

星野英紀・山中弘・岡本亮輔編2012　『聖地巡礼ツーリズム』弘文堂

中原一博2015　『チベットの焼身抗議』集広舎

長沢哲監修2016「チベット仏教」『サンガジャパン』24

野町和嘉1989　『長征夢現――リアリズムの大地・中国』情報センター出版局

野町和嘉2015a　『地平線の彼方から』クレヴィス

野町和嘉2015b　『極限高地』日経ナショナルジオグラフィック社

Honeymoon Traveler2016　『ドローン片手に世界一周――空飛ぶ絶景400日』朝日新聞出版

浜井幸子2016　「10年ぶりの色達、ラルン・ガル・ゴンパの旅」『地球の歩き方　チベット2016～2017年版』ダイヤモンド・ビッグ社、211頁

平山修一2005　『現代ブータンを知るための六〇章』明石書店

堀江義人2006　『天梯のくに　チベットは今』平凡社

山中弘編2012　『宗教とツーリズム――聖なるものの変容と持続』世界思想社

ラクパ・ツォコ2010　『希望――チベット亡命50年』ダライ・ラマ法王日本代表部事務所

旅行人編集室1996　『旅行人ノート①チベット』旅行人

旅行人編集室1998　『旅行人ノート①チベット』改訂版、旅行人

旅行人編集部2002　『旅行人ノート①チベット』第3版、旅行人

旅行人編集部2006　『旅行人ノート①チベット』第4版、旅行人

ルイス・M・サイモンズ2002　「チベット　新時代の息吹と宗教」『NATIONAL GEOGRAPHIC日本版』(4)、51-85頁

[漢語]

跋熱・達瓦才仁暨雪域智庫2011　『魂牽雪域半世紀――図説西藏流亡史』雪域出版社

陳暁東1999　『寧瑪的紅輝――今日喇栄山中的一塊密乗浄土』甘粛民族出版社

慈誠羅珠堪布2014　『我們為何不幸福』貴州人民出版社

川田 進（かわた・すすむ）

1962年、岡山県生まれ。大阪外国語大学大学院修士課程修了。博士（文学）。現在、大阪工業大学工学部教授。研究領域は東アジア地域研究、表象文化論。1991年より中国、インド、ネパール等でチベット仏教やイスラームの宗教活動を調査。
著書に『中国のプロパガンダ芸術』（共著、岩波書店、2000年）、『東チベットの宗教空間』（北海道大学出版会、2015年）がある。

天空の聖域ラルンガル
——東チベット宗教都市への旅《フィールドワーク》 定価（本体2200円＋税）

2019年（令和元年）5月1日　初版第1刷発行

著　者　川　田　　進
発行者　川　端　幸　夫
発行所　集　　広　　舎
〒812–0035
福岡市博多区中呉服町5–23
電　話：092–271–3767　FAX：092–272–2946
http://www.shukousha.com/
制作　忘羊社（藤村興晴）
印刷・製本　モリモト印刷株式会社

ISBN978-4-904213-73-5 C0036